안다는 것에 대한 **동양적** 성찰

안다는 것에 대한 동양적 성찰

무엇이 아는 것이고, 무엇이 모르는 것인가

김종석 지음

글항아리

사람이 남과 더불어 살아가는 데는 여러 덕목이 필요하다. 그렇기 때문에 동서양을 막론하고 옛 현인들은 삼달덕三達德이니 사덕四德이니 오상五常이니 하여, 사람이 기본적으로 갖춰야 할 덕목을 제시하고자 했다. 덕의 종류가 하나가 아닌 여럿인 것은 사회가 다양한 면모를 요구하기 때문이다. 중요한 점은 그 가운데 앎에 관한 덕목이 빠지지 않고 등장한다는 것이다. 생존의 문제와 직결되는 것은 아니지만, 사람다운 삶을 사는 데는 우선 아는 게 중요하다고 여겼기 때문이다. 그러나 이는 당장 먹고사는 일에 급급한 보통 사람들에게는 그리 절실하게 느껴지지 않았고, 경우에 따라서는 탐탁잖게 여기는 사람도 있었을 것이다.

한국사회는 유교의 영향으로 지식과 교육을 중시하는 전통을 지니고 있지만, 앎의 문제에 대해서만큼은 언급하기를 주저하거나 인색하게 평가하는 경향이 있다. 본래 유학에는 말을 경계하는 문화가 있었다. 공자는 "군자는 말에 어눌하고 행동에는 민첩하다" "말을 교묘하게 하고 표정을 아름답게 꾸미는 사람치고 어진 이는 드물다"고 한바, 이를 통해 책임감 없이 경솔하게 말하는 것을 무척 조심스러워했음을 알 수 있다.

한국의 유교문화는 같은 유교문화권 안에서도 특히 침묵의 미덕을 강조한 면이 있다. 그것은 말보다는 실천을 중시하는 선비문화에서 기인한다. 치인治人보다 수기修己를 절대적으로 중시하는 선비문화는 말에 대한 경계를 더욱 강화했다. 또한 아는 것과 말하는 것 사이의 혼동도 약간은 작용했던 듯하다. 안다는 것과 말하는 것은 별개의 문제이며, 말을 요령 있게 잘하는 것도 경우에 따라서는 매우 큰 장점일 수 있다. 그러나 말에 대한 경계로 인해 오히려 앎에 대한 부정적 시각이 생겨난 것은 아닐까 싶다. 따라서 안다는 것이 무엇인지에 대해 학문적으로 제대로 정리하려는 노력 또한 없었던 것으로 보인다.

아울러 한국사회에서 고등교육을 받은 사람들, 이른바 식자층이 모범적인 모습을 보여주지 못한 점도 안다는 것에 부정적 이미지를 덧칠하는 데 일조했을 것이다. 언론을 자주 장식하는 식자층의 부정과 비리는 "알면 뭐해. 한 가지라도 실천을 해야지"라는 식으로 지식과 앎에 대한 냉소적 풍조를 심화시켰고, 부지불식간에 실천하는 것과 아는 것은 별개라고 여기게끔 만들었다.

그러나 과연 안다는 것이 그저 지식인의 사치스러운 관념적 유희에 불과한 것일까? 사실 모든 사람은 앎을 통해 세상과 관계를 맺는다고 할 수 있다. 앎의 내용이 전문적인지 일상적인지를 떠나서, 사람은 매순간 정보를 받아들이고 판단하는 일을 반복하며 살고 있다. 사소한 판단이 축적되어 한 사람의 앎이 이뤄지고, 한 사람 한 사람의 앎이 모여 사회와 국가의 모습이 갖춰진다. 이렇게 볼 때 개인에 있어서나 국가에 있어서나 올바른 앎이 개인과 국가의 미래를 결정짓는다고 해도 결코 지나치지 않다.

한편 앎에는 또 다른 함정이 있다. 즉 현대사회를 일컬어 지식정보화 사회니 무엇이니 하면서 앎을 정보로만 취급하는 경우가 그것이다. 앎의 결과가 사람에게 지식정보로서 인식될 때 지식은 책임감을 상실하며 효율성을 높이고 경쟁에서 이기기 위한 수단으로만 쓰일 뿐이다. 생명공학을 비롯한 과학기술 분야의 새로운 발견들이 우리 삶을 편리하게 했지만, 그 결과가 인류의 미래를 번영으로 이끌어주리라는 보장은 없다. 앎이 이성의 통제를 벗어났기 때문이다. 지식정보가 국가의 힘으로 작용하는 것은 분명해 보이지만, 어디까지나 윤리적 정당성과는 별개의 문제다. 더 이상 사람들은 올바른 앎이 어떤 것인지 묻지 않는다.

과연 올바른 앎이란 무엇인가? 이를 위해 어떤 이는 내면을 다스리라 했고, 어떤 이는 우주만물에 관한 지식을 쌓아야 한다고 했다. 또 어떤 이는 앎에 대한 집착을 끊어야 비로소 올바른 앎을 얻을 수 있다고 했다. 세상사에 통달한 도인까지는 바라지 않더라도, 우리 각자에게 허락된 짧은 생에 그나마 과오를 줄이기 위해서는 올바른 앎이 무엇인지 묻지 않을 수 없다. 집필을 시작할 때는 최소한 성호와 다산까지는 쓰려고 했으나 훗날을 기약할 수밖에 없다. 앎에 관해 천착하면서 이 문제를 밝히는 데 학자로서의 여생을 바쳐도 좋겠다는 생각을 해본다.

2015년 12월

김종석

책머리에

智

앎에 대한 제유의 입장

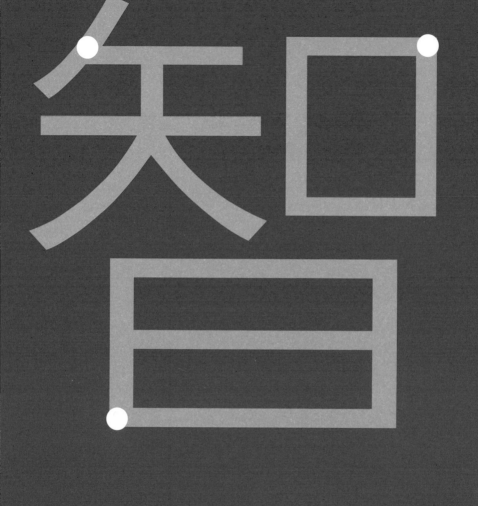

안다는 것의 의미

안다는 것은 무엇인가? 사람이 어떤 사실을 안다고 할 때 그것은 과연 완벽한 앎일까? 안다는 것은 삶에 어떤 영향을 끼치는가? 그것이 단지 어떤 대상에 대한 정보 파악을 의미한다면 이는 간단한 문제일 수 있다. 그러나 앎이 그리 단순하지 않은 것은 사람이 세상과 관계를 맺고 살아가는 문제와 직결되어 있기 때문이다.

사람은 태어나 세상과 모종의 관계를 맺으면서 살아가는데, 그 첫 번째에 앎이라는 관문과 만난다. 많이 알면 다양한 관계를 맺게 되고 적게 알면 한정된 관계를 맺게 되며, 올바른 앎을 형성하면 바람직한 관계를 맺고 잘못된 앎을 형성하면 바람직하지 못한 관계를 맺게 된다. 이렇게 보면 앎이 삶의 전부를 결정한다고 해도 과언이 아니다.

엄격히 말해 안다는 것이 삶과 직결되어 있다는 사실은 사람에게만 한정된 것이 아니다. 지구에 존재하는 모든 생물체는 그 앎의 정도에 따라 위상과 영향력이 결정된다. 사람이 만물의 영장이 될 수 있었던 것도 세상을 바라보는 깊이와 폭이 그 어떤 생물체와 비교하더라도 월등하기 때문이다. 그러나 사람의 앎에도 질적 차이가 있고 층차가 있기 마련이다. 그렇기 때문에 위대한 업적을 남긴 위인이나 천재가 있는가 하면 제 앞가림도 못 하는 사람이 있다. 대부분의 사람은 올바른 인식과 판단을 통해 남에게 도움은 주지 못하더라도 폐는 끼치지 않으려고 애쓰면서 평범한 삶을 살아간다.

서양에서는 전통적으로 대상에 대한 정확한 앎이 철학의 핵심을 이루었다. 따라서 철학자들은 어떤 문제를 해결하기 위해서 그것의 본질을 어떻게 정확히 파악할 수 있는지에 몰두했다. 고대 그리스에서는 우주만물의 구성 원소와 그것을 움직이는 원리를 아는 것이 당대를 대표하는 학자들의 최대 관심사였다. 중세가 되면서 당시 교부 철학자들은 오로지 하나님의 뜻이 무엇이며, 그것을 어떻게 이 땅에 실현할 것인지에 관심을 집중했다. 근대 계몽주의 시대에는 신이 아닌 인간이 이성의 힘으로 진리를 인식하고 이를 세상에 실현할 수 있다고 믿었다. 현대에 이르러 이른바 포스트모더니즘이 등장하면서 인간 이성의 힘이 도전받기는 했지만, 서양철학에서는 탐구 대상에 대해 그 자체의 원리를 정확히 아는 것, 즉 인식론이 언제나 중심을 이뤄왔다.

동양에서도 인식은 물론 중요한 문제였다. 무엇을 안다는 것은 그 대상과 관계 맺는 방향 및 방식을 결정하기 때문이다. 그러나 동양에서 무엇을 안다는 것은 서양과는 근본적으로 차이가 있었다. 바로 인식의 대상을 세상과 분리하여 별개의 단독자로서 인식하는 것이 아니라, 세상의 일부로서 너와 나의 관계 위에서 접근한다는 점이다. 나라는 존재가 이 세상에서 분리되어 단독으로 존재할 수 없을 뿐만 아니라 인식의 대상도 세상으로부터 별개로 존재하는 단독자가 아니라는 관점이다. 인식의 주체와 대상 모두가 우주 공동체의 일원으로서 서로 연관되어 있다는 전제 아래, 안다는 것은 무엇인가라는 질문이 동양철학의 관심사였다. 이러한 경향은 불교, 노장사상, 유학사상 등 동양사상에서 공통적으로 나타나는 특징이다.

특히 유학은 불교나 노장사상과 달리 세속적인 삶을 부정하지 않는 이른바 입세간入世間의 학문으로, 앎의 문제는 관념적 차원의 지적 유희가 아니라 당면한 현실의 문제로서 매우 치열하게 논의되었다. 유가를 창시한 공자에게는 무엇보다 사람을 아는 것이 과제였다. 더불어 살 수밖에 없는 사람의 정치사회적 특성과 사람에게 요구되는 바람직한 행위 양식을 아는 것이 가장 중요하다고 보았기 때문이다.

바람직한 앎의 가능성을 심성론心性論의 차원에서 규명하고자 한 최초의 사상가는 맹자였다. 그는 사람에게 옳고 그름을 판단할 수 있는 능력이 선천적으로 부여되어 있다고 보았다. 이러한 주장의 근거를 정치하게 설명하지는 못했으나, 그는 경험적 사실에 비춰볼 때 사람에게는 시비를 판별할 능력이 하나의 본성으로 갖춰져 있다고 했다. 따라서 '지知'라고 하지 않고 지혜의 의미를 담아서 '지智'라고 한 것이다. 소위 선한 본성의 일부로서 나중에 순자의 공격을 받았지만, 성선설의 영향력은 유학의 전반적인 방향을 결정할 정도로 엄청난 것이었다. 즉 유학사상이 일관되게 사람 중심의 철학사상으로 전개된 것은 성선설의 힘 때문이었다고 해도 과언이 아니다.

사람에게 시비를 판단할 능력이 선천적으로 갖춰져 있다는 주장에 정면으로 반기를 든 사상가는 순자였다. 순자는 성악설을 주장했다는 이유 하나로 유학의 정통에서 배제되었지만, 그는 앎의 문제에 관해 매우 설득력 있는 논리를 제시했으며 실제로 유학사에서 그의 영향력은 보이지 않는 형태로 크게 작용했다. 그는 사람의 생득적 본성을 신뢰하지 않았던 터라 후천적이고 인위적인 노력만이 사람을 선한 방향으로 변화시킬 수 있다고 강조했다. 인위적인 노력이란 결국 교육과 지식이었고, 그렇기에 앎의 문제는 교육과 지식에서 핵심 영역을 차지했다. 그는 앎에 있어서 대상을 객관적으로 파악하는 것이 무엇보다 중요하다고 보았다. 본성으로서의 '지智'가 아닌 객관적 앎으로서의 '지知'의 문제를 본격적으로 논의한 인물도 바로 순자였다.

사물에 대한 객관적 앎을 중요한 과제로 다시 등장시킨 인물은 세월이 한참 흐른 뒤에 나타난 송대의 주자였다. 주자는 『예기』에서 『대학』을 분리·독립시키면서 8조목 가운데 특히 격물格物·치지致知에 주목했다. 그는 구본舊本에 없던 '격물'장을 새로 만들어 넣을 정도로 사물에 대한 객관적 앎을 『대학』의 목적을 달성하기 위한 출발점으로 인식했다. 이러한 인식 변화의 원인은 각종 문물이 발전하고 새로운 제도가 생겨남으로써 외부 환경에 대한 앎이 생존을 위한 조건이 되었기 때문이다. 물론 순자의 영향도 분명 있었을 것이다. 그러나 주자가 순자와 다른 점은 본성으로서의 지智 역시 중요하게 계승했다는 사실이다. 주자는 많은 사물에 대한 격물을 거듭하다보면 언젠가는 활연관통豁然貫通에 이르는데, 이것이 치지, 즉 앎의 완성된 형태이며 치지를 이루는 과정에서 지智의 본성이 시비지심是非之心의 형태로 참여하게 된다고 보았다.

안다는 것에 대한 동양적 성찰

한편 외부 사물에 대한 객관적 앎의 가능성을 부정하고 여전히 사람의 선천적 본성 함양으로써만 올바른 앎에 도달할 수 있다고 주장한 학자가 있었으니, 바로 명대의 왕양명이었다. 그는 사물의 이치와 사람의 이치는 별개라고 보았다. 따라서 사물에 대한 격물을 통해서 사람의 도덕적 이치를 밝혀낸다는 것은 원천적으로 어불성설이라고 주장했다. 그는 오로지 맹자를 철저히 계승하여 마음속의 본성을 잘 함양함으로써 사람 중심의 도덕적 세계를 이뤄내야 한다고 믿었다. 사실 사물의 이치와 사람의 이치를 구분한 것은 순자도 마찬가지인데, 도덕적 삶의 가능 근거를 순자는 사람 밖에서 찾았고 양명은 사람 안에서 찾았다는 데 차이가 있다. 그는 주자처럼 사물에 대한 정교한 이론을 제시하진 않았지만, 주자 격물론의 한계와 특성을 설득력 있게 분석하여 비판했다. 사실 격물을 무수히 거듭하다보면 어느 날 아침 활연관통하게 된다는 주자의 주장은 엄격히 말하면 가능성의 문제일 뿐, 사물에 대한 완벽한 앎을 보장한다고 할 수는 없다. 이 점을 정확히 인식한 양명은 올바름이란 결국 사람의 원리일 뿐이며, 그것은 마음에서 나온다고 주장했다.

퇴계는 주자학자로서 기본적으로 격물을 통해 올바른 앎에 도달할 수 있다고 보았다. 그러나 물격物格의 해석을 둘러싸고 벌어진 논란 끝에 그는 자신의 입장을 수정했는데, 사물에 내재하는 리理는 단지 격물의 대상으로서 수동적인 위치에 머물러 있는 것이 아니라 격물이 진행됨에 따라 스스로 발현하여 사람의 마음에 도달한다는 의견이었다. 그는 격물의 주체인 사람의 입장에서 마음을 구성하고 있는 리가 스스로 발하여 기氣를 주도하며, 이를 통해 지智의 본성은 구체적인 시비지심으로 발현하여 격물이 이뤄진다고 했다. 결론적으로 격물의 순간에는 사람과 사물이 서로를 향해 접근한다는 말이다. 이러한 주장에는 리가 스스로 운동성을 갖는다는 그의 지론이 바탕에 깔려 있다. 퇴계는 올바른 앎을 위해서는 사물에 대한 격물의 중요성을 인정하고, 동시에 사단四端을 칠정七情과 구분함으로써 본성으로서의 지智가 왜곡되지 않으며 시비지심으로 발현될 수 있도록 함양할 것을 강조했다. 그는 마음을 리와 기의 합으로 보았으며, 단순히 성性을 담고 있는 그릇이 아니라 실질적인 격물의 주체로 보았다. 퇴계는 리발理發의 근거를 주자에게서 이끌어내고자 했지만, 그의 철학에서 리발이란 실질적으로 마음에 달린 문제였다. 따라서 올바른 앎을 위해서는 무엇보다 마음에 대한 끊임없는 수련이 요구되었다.

율곡은 올바른 앎이란 오로지 사물에 대한 격물을 통해서만 가능하다고 보았다. 이 점에서 그는 주자 이론의 원형에 가장 가까웠던 계승자라 할 수 있다. 그는 리가 운동성을 갖는다는 주장에 전혀 동의하지 않았을 뿐만 아니라 마음을 기로 보았기 때문에 마음이 갖는 가장 중요한 기능은 지각 작용이라고 여겼다. 그는 격물의 대상이 되는 사물의 리에 대해서 독자적인 리통기국理通氣局의 이론을 적용해 우주만물은 각기 기에 국한된 리, 즉 차별적인 리를 갖고 있다고 보았다. 따라서 올바른 앎을 위해서는 최대한 많은 격물이 누적되어야 한다는 당위성이 더욱 분명해졌을 뿐만 아니라 리는 추상적 사물이 아닌 구체적 실물을 대상으로 할 때 비로소 달성될 수 있음을 확인했다. 나아가 앎의 노력이 구체적인 현실로 다가가야 한다는 율곡의 입장은 경세론經世論 방면에서 그의 철학이 남다른 성과를 낳을 수 있었던 바탕이 되었다.

안다는 것에 대한 동양적 성찰

이상에서 대략 정리해본 바와 같이, 유학에서 앎의 역사는 크게 본성으로서의 지智를 강조하는 입장에서 사물에 대한 대상적 앎을 의미하는 지知의 영역으로 확대되어왔음을 알 수 있다. 문물제도가 발달하고 삶의 환경이 복잡해지면서 대상적 앎이 부각되는 것은 일견 자연스러운 현상이라고 할 수 있다. 그럼에도 불구하고 유학에서 본성으로서의 지智의 영역은 매우 견고하게 유지되어왔다. 이 점은 주자에게서 확인되었고, 이후 퇴계와 율곡에게서도 마찬가지였다. 그것은 유학이라는 학문이 사람 중심의 도덕적 세계를 지향했기 때문이다. 앞으로도 앎의 문제에 있어 유학이 발언권을 행사하려면 단지 대상적 앎의 기능만 가지고는 어려울 것이다. 대상적 앎에 있어서는 훨씬 더 효율적인 과학기술이라는 수단이 존재하기 때문이다.

이 책에서는 동양사상 가운데 유학의 관점에서 앎이 갖는 근본적 의미에 대해 중국과 한국을 대표하는 유학자들의 주장을 살펴볼 것이다. 즉 중국의 공자, 맹자, 순자, 주자, 양명 그리고 한국의 퇴계와 율곡이 그들이다. 그들은 사람이 왜 알아야 하는가, 앎의 대상은 무엇인가, 그리고 어떻게 알 수 있는가 등의 문제를 가지고 깊이 사유하며 토론했다. 이러한 물음들은 이론의 여지 없이 인식론적 물음이라고 해야 할 것이다. 그러나 유학에서 제기하는 인식론적 물음들은 서양철학에서 말하는 인식론과는 근본적인 차이를 보인다. 즉 유학자들은 앎의 문제를 실천과의 연관성 위에서 생각했는데, 실천과 분리된 앎은 그 의미를 상실한다고 보는 것이 그들의 생각이었다. 물론 서양철학도 시대와 학자에 따라 차이는 있지만 대개 근대 이후 서양철학에서 말하는 인식론은 실천의 문제와는 별개로 생각되었고, 또 그렇게 해야만 객관적 인식이 가능하다고 보는 흐름이 있었다.

실천과의 연관성 위에서 접근하는 앎에는 분명히 문제점도 있다. 무엇보다도 앎이 현실의 한계를 벗어나지 못한다는 점이다. 욕망과 권력이 얽히고설킨 현실에서 과감히 초탈하지 못한 상태로 이뤄지는 앎을 과연 올바른 앎이라고 할 수 있을까? 역으로 실천의 문제는 일단 제쳐두고 순수한 앎 그 자체를 구할 수 있다면, 그 바탕 위에서 오히려 합리적인 실천이 가능하지 않을까라는 주장도 있을 수 있다. 서양철학의 영향을 받은 근대 혹은 현대 학자들 가운데 이러한 주장을 제기한 이가 많았다. '실천을 전제로 하는 앎'이라는 유학적 관점에는 분명히 한계점도 있다. 그러나 한편으로는 유학이 현재까지 생명력을 갖게 된 것이 앎과 실천을 불가분의 관계로 보는 유학의 독특한 관점에서 기인했다고 볼 수 있을 것이다.

1.
공자, 안다는 것은 사람을 아는 것이다

공자(기원전 551~기원전 479)는 앎을 중요시했던 대표적인 사상가다. 그가 창시한 유학이 이토록 오랜 생명력과 강한 영향력을 지니게 된 이유는 바로 앎과 지식을 중시한 데 있다. 앎이란 삶에서 결코 버릴 수 없는 불가분의 영역이기 때문이다. 그는 온갖 갈등과 모순이 가득할지라도 사람이 세상을 버리고 산속으로 들어가 날짐승, 들짐승과 함께 살아갈 수는 없다고 주장했다. 사람은 부족하지만 더불어 살면서 문제를 해결해갈 수밖에 없는데, 여기서 불가피하게 등장하는 문제가 바로 앎이다. 알아야 문제를 해결하고, 알아야 큰 갈등도 작게 만들어 피해를 줄일 수 있기 때문이다.

『논어』「학이」편에 "배우고 때로 익히면 또한 즐겁지 아니한가?"라는 유명한 말은 앎을 중시하는 공자의 생각을 잘 보여준다. 공자의 사상에도 분명히 서양철학에서 말하는 인식론, 지식론의 영역이 존재함을 알 수 있다. 그러나 공자의 지식론은 서양철학과 비교해보면 분명한 차이가 있음을 알 수 있는데, 그는 지식을 추구했지만 목적은 지식 그 자체가 아니라 삶의 일부로서의 앎이었다는 점이다. 이 같은 지식론의 특징은 주체와 객체, 사람과 자연을 대립시키지 않으며 자연을 지식의 대상으로서 객체화시키지 않는 것이라고 연구자들은 말한다. 중국의 멍페이위안蒙培元과 같은 학자는 공자가 앎의 대상으로 삼았던 것은 주체와 주체 사이의 인륜관계라고 주장하기도 했다.(멍페이위안, 『중국심성론』, 이상선 옮김, 법인문화사, 1996, 55쪽)

공자가 존재 여부도 알 수 없는 내세보다는 지금 당장 살아가는 현세를 중시했다는 것은 널리 알려진 사실이다. 그는 내세에 대해 묻는 제자에게 "삶에 대해서도 모르는데 사후세계를 어찌 알리오?"(『논어』 「선진」)라는 말로 답변했다. 이처럼 공자는 현세적 세계관을 바탕으로 무엇보다 현실 세계를 잘 살 수 있도록 하는 앎을 추구했던 것이다. 앎의 대상은 삶과 유리된 독립적 대상이 아닌 삶의 일부이며, 올바른 삶을 위한 수단으로서의 앎이었다.

이렇게 볼 때 공자에게 앎이란 바로 사람을 아는 것, 즉 지인知人이었다. 그가 말한 지인이란 사람을 심리학이나 정신분석학의 측면에서 아는 것이 아니라 사람의 정치사회적 특성과 사람에게 요구되는 바람직한 행위 양식을 아는 것을 말한다. 이러한 앎의 성격은 유학사상의 핵심이 되었고, 유학이 정치·사회·예술·윤리 등 다양한 영역을 갖게 된 배경이 되었다. 또한 유학이 현재까지 생명력을 유지할 수 있었던 것도 구체적인 삶의 문제에 집중한 결과라고 할 수 있다. 다른 어떤 사조보다도 실제 인간사회에 바로 적용할 수 있었기 때문이다. 그러나 다른 한편에서는 유학이 '사람'과 '관계'에만 집착한 나머지 사실 자체를 객관적으로 보지 못했고, 과학적 발명이나 합리적 사고를 저해했다는 비판도 제기되었다. 서양 문물이 본격적으로 밀려들어오던 근대 초기의 선각적 유학자들이 이러한 자아비판을 했고, 요즘도 이 점을 유학의 약점이라고 주장하는 학자들이 있다. 이러한 주장도 일리는 있으나 현대사회가 유학에 주목하는 것은 사람과 사람, 삶의 원리에 대한 시대를 초월하는 교훈 때문이다.

그렇다면 공자가 말한 앎을 올바로 성취하기 위해서는 어떻게 해야 하는가? 공자는 평소 네 가지를 절대로 하지 않았다고 한다. 첫째 의도를 가지고 무엇을 하지 않았고(무의毋意), 둘째 무엇을 기필코 해야겠다는 마음으로 하지 않았고(무필毋必), 셋째 어떤 견해나 주장을 고집하지 않았으며(무고毋固), 넷째 자신을 내세우지 않았다(무아毋我). 이러한 태도가 꼭 앎의 문제에만 적용되는 것은 아니지만 올바른 앎을 위해서는 반드시 필요한 자세다.

어떤 일을 판단함에 있어 미리 의도意를 가지고 접근하면 오류를 범할 가능성이 높다. 사람은 주관적이고 감정의 지배를 받기가 쉽기 때문이다. 즉 언제나 열린 마음으로 상황의 다양한 측면을 보고 종합적으로 판단하라는 말이다. 또 무엇을 기필코必 해야겠다는 태도 역시 문제를 유발할 수 있다. 아무리 좋은 목적을 위해서라도 기필코 하겠다고 하면 무리가 따르기 마련이다. 상황이 여의치 않을 때는 잠시 보류하고 여유를 갖는 것이 오히려 문제 해결에 도움이 되곤 한다. 그리고 특정한 견해나 주장만을 고집固하는 것 역시 당연히 피해야 할 태도다. 아무리 훌륭한 인물이나 전문가의 견해라 할지라도 그것이 모든 상황에서 늘 정답일 수는 없다. 정설에 대해서는 존중하되 이를 고집하거나 집착하는 것은 곤란하다. 마지막으로 자신我만을 내세우는 자세는 가장 경계해야 할 태도다. 이것은 일단 겸손하지 못한 태도일 뿐만 아니라 오류를 범할 가능성이 높기 때문에 올바른 앎에 있어서 가장 좋지 못한 경우다. 세 사람이 함께 길을 가는 중에는 나의 스승이 있다고 한 것처럼 나보다 더 잘 아는 사람이 있을 수 있다는 것을 늘 명심하고 상대방의 말을 경청하도록 노력하라는 말이다.

결국 선입견을 버리고 열린 마음으로 경청하며 자신을 낮출 때 올바른 앎에 도달할 수 있다는 결론에 이르게 된다. 여기서 우리는 앎에 대한 공자의 생각이 얼마나 합리적이고 시공을 초월하는 설득력을 갖고 있는지를 알게 된다. 삶의 원리를 목표로 한 그의 지식론은 올바른 앎에 도달할 가능성이 높을 뿐만 아니라 지혜로운 삶의 자세이기도 하다.

2.
맹자, 사람은 누구나 옳고 그름을 안다

맹자(기원전 372~기원전 289 추정)는 사람에게 앎이 어떻게 해서 가능한지, 그 근거를 철학적으로 해명하고자 했던 유가 최초의 사상가다. 그는 올바른 앎에 도달할 능력이 모든 인간에게 선천적으로 주어져 있다고 믿었다. 그에게 앎이란 하나의 생득적 능력이었다. 그러나 맹자는 이런 생각을 기존의 이론으로는 설명할 수 없었다. 그리하여 그는 앎의 가능 근거를 직접 논증하기보다는 경험적 사실을 가지고 추론의 방식으로 설명하고자 했다.

맹자는 어린아이가 우물에 빠지려고 하는 상황을 예로 들었는데, 이후 이 이야기는 유학에서 사람의 본성이 선하다는 것을 증명할 때 가장 흔히 쓰이는 예화가 되었다. 맹자가 실제로 경험한 일인지 단지 예로 든 것인지는 알 수 없으나 당시에는 충분히 있을 법한 일이었다. 맹자는 아무것도 모르는 어린아이가 우물에 빠지려고 하는 상황을 상상해보라고 하고, 이 장면을 실제로 본 사람은 예외 없이 두렵고 측은한 마음에 사로잡힐 것이라고 했다. 대부분의 사람이 직접 경험해보지 않아도 쉽게 동의할 수 있는 일이다. 따지거나 생각할 겨를도 없이 자연 반사적으로 이런 심정에 빠지는 것은 무엇을 의미하는가? 그렇더라도 이런 반응이 과연 사람의 선천적 본성인지, 아니면 축적된 경험과 교육의 결과인지에 대해서는 논란이 있을 수 있다.

맹자는 이러한 심리가 모든 사람에게 공통되게 나타난다는 점을 들어 선천적으로 부여된 인간 본성으로 규정지었고, 이를 일컬어 인仁의 본성이라고 했다. 나아가 이런 방식으로 따져보면 인뿐만 아니라 의義·예禮·지智의 본성도 사람에게 갖춰져 있는 것이 분명하다고 했다. 인의예지의 본성은 상황에 따라 남의 불행을 불쌍히 여기는 마음, 자신의 과오를 부끄러워하는 마음, 자신을 낮추고 사양하는 마음, 옳고 그름을 분간하는 마음으로 나타나게 된다. 이른바 측은지심惻隱之心, 수오지심羞惡之心, 사양지심辭讓之心, 시비지심是非之心이다. 이 네 가지 마음이 사람에게 있는 것은 근본적으로 인의예지를 본성으로 가지고 있기 때문이다. 우리가 인의예지를 직접 확인할 수는 없지만 네 가지 마음으로 인하여 네 가지 본성이 있음은 유추할 수 있다. 따라서 네 가지 마음을 네 가지 단서라고 하여 사단四端이라 했다. 따라서 별도로 배우거나 익히지 않아도 본성만 온전히 간직한다면 누구라도 측은, 수오, 사양, 시비의 올바른 실천을 할 수 있다는 것이다.

사실 사덕四德과 사단은 국가나 사회를 유지함에 있어 거의 완벽한 조건이라 할 수 있다. 이 두 가지가 제대로 작동하는 사회가 있다면 그야말로 이상사회일 것이다. 그런데 이런 조건들을 사람이, 그것도 선천적으로 갖추고 있다고 한 것은 인간에 대한 대단한 긍정이며 철학사에 있어서도 획기적 선언이 아닐 수 없다. 어떻게 보면 이것은 자연적 사실이라기보다는 당위적 요청일 수 있다. 또한 본래 입세간의 학문으로서의 유학은 처음부터 인간에 대해서는 긍정적인 입장에서 출발했다고 볼 수 있다. 그러나 당위와 본성을 일치시켜 보는 입장을 이론으로 정립한 이는 맹자다. 후대 학자들은 이를 맹자의 성선설이라 규정했고, 송대 성리학을 비롯해 성선설을 계승하는 학설들이 유학의 주류를 형성했다.

그렇다면 맹자에게 안다는 것은 어떤 의미를 갖는가? 좁은 의미로 말하면, 사단 가운데 시비지심을 정밀하게 실천하는 일이 될 것이다. 즉 지智의 본성을 올바로 실천하는 일이다. 그는 사람이 지의 본성을 올바로 실천하기만 하면 옳고 그름을 판단할 수 있다고 보았다. 다만 맹자에게 앎의 범주는 대개 도덕적 문제에 한정되어 있어 외부 사물에 대한 객관적 인식으로 확장되지 않았다. 외부 사물에 대한 인식은 내면의 부족한 부분을 채우기 위한 것인데, 맹자는 지의 본성을 잘 함양하기만 하면 충분하다고 여겼기 때문에 사물에 대한 앎의 필요성을 느끼지 못했던 것이다. 순자가 맹자를 비판한 것도 바로 이 부분이었다.

맹자는 인의예지를 양지良知, 양능良能이라는 말로 설명하기도 했다. 양지란 배우지 않아도 할 수 있는 것을 말하고, 양능이란 깊이 생각하지 않아도 저절로 아는 것을 의미한다. 배우지 않고 깊이 생각하지 않아도 할 수 있고 아는 것은 그러한 능력이 선천적으로 주어져 있기 때문이다.

그는 천하의 어린아이들 중 자기 부모를 친애할 줄 모르는 사람이 없고, 자라서는 형을 존경할 줄 모르는 사람이 없는데, 이렇게 하는 것이 다름

1장 앎에 대한 제유의 입장

아닌 인仁이요 의義라고 했다. 이렇게 본다면 예禮와 지智도 마찬가지다. 결국 양지·양능은 인의예지의 본성이 겉으로 드러나는 실현적 양태를 가리키는 다른 표현일 뿐이며, 다만 양지는 사단 가운데 시비지심보다 더 포괄적인 개념으로서 인의예지 모두를 아우른다고 봐야 할 것이다. 또 인의예지를 말할 때는 우물에 빠지는 아이의 사례를 가지고 추론하는 방식을 썼지만, 양지·양능에 대해서는 사람에게 도덕적 인식과 판단능력이 갖춰져 있음을 직접 지적하면서 성선의 입장을 재확인했다. 명대의 왕양명이 마음공부만으로 올바른 앎에 도달할 수 있다고 하는 치양지致良知설을 주장했을 때, 그 근거로 제시한 것이 바로 맹자의 양지 개념이었다. 양명은 자신의 견해가 맹자 사상을 계승하고 있다고 믿었다.

그런데 여기서 한 가지 근본적인 의문이 든다. 만약 맹자의 주장처럼 사람이 양지와 양능을 타고난다면, 공부는 왜 하는가? 나아가 내면에 지닌 본성을 왜곡시키지 않고 본래 모습 그대로 발현하는 것이 실제로 어떻게 가능하단 말인가? 이것은 성선설에 대한 문제 제기이기도 하다.

이러한 물음에 대해, 맹자는 누구나 선한 본성을 가지고 있지만 그것이 올바로 발현되지 못하는 것은 개인적인 욕망과 세상의 온갖 유혹이 본성의 발현을 차단하고 있기 때문이라고 했다. 따라서 맹자에게 공부란 한마디로 잠재되어 있는 양능과 양지의 본성을 본래의 모습대로 발현시키기 위한 노력이라고 할 수 있다. 그것은 결국 마음공부다. 그는 고대 제齊나라 근교에 있었다고 전해지는 우산牛山을 예로 들어 설명했다.

우산은 본래 초목이 우거진 아름다운 산이었다. 그러나 날만 새면 사람들이 올라와 도끼로 나무를 찍어대고 소와 양들이 와서 풀을 뜯어 먹었

안다는 것에 대한 동양적 성찰

다. 그러니 어떻게 본래의 아름다움을 유지할 수 있었겠는가? 결국 우산은 민둥산이 되고 말았다. 그렇지만 사람들은 현재 우산의 모습만 보고 우산은 본래 나무가 없는 민둥산이라고 생각했다. 맹자는 우산이 지금 민둥산이라고 해서 본래 나무가 없었다고 말하지는 못한다고 했으며, 이기심과 욕망으로 가득 찬 사람의 모습이 민둥산이 된 우산과 같다고 했다. 지금은 이기심과 욕망만이 부각되어 보이지만 사람의 아름다운 본성을 회복하는 것은 가능한 일이고, 그것이 바로 공부의 목적이라고 그는 보았다.

도덕적 선善의 원천은 바로 사람이다. 이것은 실로 획기적인 선언이었다. 사람에 대한 맹자의 포기할 줄 모르는 믿음 또한 대단한 것이었다. 사람의 본성을 보는 맹자의 관점은 인간에 대한 과학적 분석이라기보다는 맹자의 개인적인 신념일 수도 있다. 이처럼 객관적 사실이 아니라 해도 성선설은 맹자가 끝까지 사람에 대한 신념을 잃지 않았음을 일러준다. 어떻게 보면 유학이 입세간의 관점에 섰을 때 이미 사람에 대한 신뢰가 그 바탕에 깔려 있었고, 맹자는 그러한 관점을 이론화했다고 볼 수도 있다.

맹자는 사람에 대한 신뢰를 잃은 것을 자포자기라고 했다. 좀더 구체적으로 말하면, 말에 예의가 없는 것이 자포自暴이고, 인과 의에 따라 살 수 없다고 스스로 선언하는 것이 자기自棄라고 했다. 자포자기는 지금도 사람들이 일상적으로 하는 말이지만, 본래 맹자가 이 말을 했을 때는 매우 심각한 의미를 지녔다. 말에 예의가 없는 것을 단순히 무례로 치부하지 않고 스스로 인생을 포기한 사람으로 본 것이다. 자기 인생에 대해 긍정적인 희망을 갖고 있는 사람은 말에서부터 다르다. 인과 의를 버렸다는 것은 단순히 예의를 상실한 것이 아니라 미래에 대한 희망을 잃었기 때문이라고 보았다. 이처럼 사람의 본성을 긍정적으로 보는 관점은 이후 유학사상을 떠받치는 이론적 근거가 되었다.

선한 본성이 사람에게 본래부터 갖춰져 있다고 해서 모든 문제가 해결된 것은 아니다. 선한 본성이 올바른 행동으로 나타난다는 것을 어떻게 보장할 수 있는가? 사람의 마음을 법이나 제도를 통해 규제하는 것은 불가능하다. 결국 스스로 마음을 가꾸고 닦아서 선한 본성이 올바로 발현되도록 노력할 뿐이다. 이는 유학에서 수양론이 발달할 수밖에 없었던 근본적인 이유다. 즉 성선설은 수양론으로 이어진다. 이처럼 마음을 닦는 학문을 심학心學이라 일컫는다면, 맹자의 유학사상은 한마디로 심학이라 할 수 있다.

맹자는 외부 환경이나 자신의 욕망에 의해 왜곡된 선한 본성을 회복하기 위해서 무엇보다 스스로 자신의 마음을 점검하고 단속하는 일이 중요하다고 보았다. 따라서 그에게 학문이란 다름 아닌 '구방심求放心', 즉 놓아버린 마음을 되찾는 일이다. 이로써 인의예지의 본성을 회복하면 측은·수오·사양·시비가 올바로 작동하기 때문이다. 학문활동은 지식을 습득하는 행위가 아니라 마음이 올바로 작동할 수 있도록 본성을 회복하는 행위다. 물론 시서예악詩書禮樂과 같은 지식정보를 담고 있는 학습활동도 있었지만, 그것은 그 자체가 목적이기보다는 선한 본성을 회복하도록 돕는 보조적 수단으로서 역할을 한다. 그리하여 본래의 선한 본성을 회복하면 측은·수오·사양·시비의 마음이 작동하여 온전한 앎은 저절로 이뤄지게 된다. 이 점은 맹자의 학문론뿐만 아니라 그의 지식론을 이해함에 있어 핵심이 되는 부분이다.

그렇다면 놓아버린 마음을 되찾기 위해서는 어떻게 해야 하는가? 무엇보다 일상생활 속에서 늘 스스로의 마음을 반성하고 단속하는 것이 필요하다. 공동체 안에서 자신에게 주어진 역할과 임무가 무엇인지를 생각하고, 사소한 일에도 최선을 다했는지, 그리고 남을 배려했는지를 반성하는 일도 중요하다. 그러나 무엇보다도 중요한 것은 과도한 욕심과 욕망을 극복하는 일이다. 맹자는 욕심이 많으면 선한 본성을 잃어버리는 일이 많을 것이고 욕심이 적으면 선한 본성을 잃어버리는 일이 적을 것이라고 했다. 욕심을 줄이려면 의지도 필요하고 때로는 용기도 필요하다.

맹자가 호연지기浩然之氣를 강조한 것은, 도덕적으로 떳떳하고 강건하여 천지와도 소통할 수 있는 자신감을 가져야 한다는 말이었다. 호연지기란 신체적 강건함이나 불굴의 용기를 뜻한다기보다 내면적으로 당당하고 떳떳한 정신적 상태를 의미한다. 따라서 스스로 돌아봤을 때 거리낌이 없고 부끄러움이 없어야 호연지기가 생기며, 그 바탕 위에서 신체적 강건함과 불굴의 용기도 자라나게 된다. 욕심을 줄임으로써 호연지기가 생기고 호연지기를 강화함으로써 욕심을 과감하게 포기할 용기도 갖게 되는 것이다.

사람의 욕심에는 비단 식욕이나 성욕만 있는 것이 아니다. 재물에 눈이 멀면 부모, 형제도 보이지 않는다. 옛 성현들이 최소한의 재물로 삶을 영위했던 것도 욕심을 인위적으로 줄임으로써 선한 본성을 지키기 위함이었다. 또 한 가지, 사람에게만 있는 욕심이 바로 명예욕이다. 명예에 대한 욕심은 특히 배운 사람에게서 강하게 나타나는 질병이다. 이 질병은 남을 위해 봉사한다는 자기합리화와 뒤섞이면서 근절하기 어려운 고질병이 될 때가 많다. 그러니 독서를 통해서 성현의 말씀을 새기고 타인의 견해를 경청

함으로써 내 생각을 보완하는 작업이 필요하다.

제자 공손추는 맹자에게 "선생님은 남보다 잘하시는 것이 무엇입니까?"라고 물었다. 이에 대해 맹자는 이렇게 대답했다. "나는 호연지기를 잘 기르고, 남의 말을 잘 들을 줄 안다." 남의 말을 잘 들을 줄 안다는 것은 말 속에 담겨 있는 여러 오류와 모순을 가려내고 판단할 수 있다는 말이다. 그러나 남의 말에서 오류와 모순을 찾아내는 것 자체는 결코 목적이 될 수 없다. 이를 통해 내면에 자신의 도덕적 주체를 확립하고 인의예지의 선한 본성을 되살릴 수 있어야 한다. 이렇게 선한 본성이 온전히 회복되어 작동할 때, 앎이 올바로 이뤄질 뿐 아니라 올바른 삶을 살게 된다는 것이 맹자의 생각이었다. 사람의 본성이 맹자의 말처럼 실제로 선한 것인지는 쉽게 말할 수 없는 문제지만, 사람이 자신에 대한 믿음을 가지고 선한 성품을 기르기 위해 노력한다면 우리 사회의 미래가 훨씬 밝을 것이라는 점은 틀림없다.

3.
순자, 앎이 사람을 변화시킨다

유학에서 앎의 문제를 논하는 데 결코 빼놓을 수 없는 사상가가 바로 순자(기원전 298~기원전 238 추정)다. 중국 전국시대 사상가이며 조趙나라 사람으로 성은 순荀이고 이름은 황況이다. 그는 맹자와 동시대를 살았거나 약간의 시간적 차이를 두고 태어난 후배로 알려져 있다. 그러므로 맹자의 학설에 관해 익히 알고 있었을 것이다.

순자는 제齊나라에서 천하의 인재를 유치하기 위해 설립한 직하학사稷下學舍의 책임자 자리를 세 번이나 역임했을 정도로 당대에 인정받는 학자였다. 그는 전국시대의 혼란기를 극복할 간명하고 현실성 있는 대안을 제시함으로써 학자로서 명성을 떨쳤다. 후세에 와서는 성악설과 맹자에 대한 공격이 부각되면서 뛰어난 업적이 제대로 평가받지 못했지만, 유학사상이 동아시아에서 오랫동안 생명력을 지속시켜온 데에는 그의 교육론과 예치론의 영향이 컸다고 보는 게 일반적인 견해다.

순자는 사람의 본성을 악하다고 보았다. 인성이 선하다고 본 맹자의 주장에 전면적인 반기를 든 것이다. 그는 성악의 근거를 일상적인 경험에서 찾았다. 그가 관찰한 사람의 모습은, 배가 고프면 먹고 싶어하고 추우면 따뜻하게 하고 싶어하고 피곤하면 쉬고 싶어하고 남을 배려하기보다는 자신의 이익을 추구하며 손해를 싫어하는 이기적인 모습이었다. 그는 사람의 이러한 성격을 악惡으로 규정했다. 이른바 성악설의 탄생이었다.

한편으로 생각하면, 사람이 자기 이익을 우선으로 생각하는 속성을 악으로 규정하는 것이 타당한가에 관한 논란이 제기될 수 있다. 엄격히 말하자면, 이런 속성들이 악행의 원인으로 작용할 가능성은 높지만 그 자체를 악이라고 하기는 어렵다고 할 것이다. 다만 맹자가 말한 측은지심과는 분명히 다르다. 순자가 말하고자 했던 것도 결국 선의 근거를 사람의 선천적 본성에서 찾는 것에 대한 반대일 뿐, 본성을 굳이 악이라고 한 것은 그 자신의 의도에 비추어 약간 부적절한 표현이지 않았나 생각된다. 사람의 본성이 악하다고 한 바로 이 말 때문에 그는 과도한 비난을 받았고 다른 중요한 주장들이 제대로 평가받지 못한 측면이 있기 때문이다.

맹자가 어린아이가 우물에 빠지려는 상황을 가정하고 경험을 통해서 성선의 근거를 제시하고자 했던 것처럼 순자 역시 그러했다. 같은 사람을 바라보는 두 사상가의 시각이 서로 달랐던 것이다. 어쨌든 당시에는 순자의 주장이 큰 지지를 받았던 듯하다. 전국시대라고 하는 급박한 시대 상황이 맹자의 이상론보다는 순자의 현실론에 힘을 실어주었을 것이다.

사람의 본성이 선한가, 악한가의 문제가 과연 그토록 중요한가? 실제로 중국 고대에는 맹자, 고자, 순자 등 많은 사상가가 사람의 본성에 대해 언급한 바 있고, 그 결과는 오랫동안 사상계의 논쟁거리가 되어왔다. 이는

안다는 것에 대한 동양적 성찰

선악의 문제가 추상적 관념상의 문제가 아니었음을 뜻한다. 사람을 선한 존재로 보는가, 악한 존재로 보는가의 문제는 개인의 행위뿐만 아니라 국가 정책을 수립함에 있어서도 기본적인 판단 기준이 된다는 점에서 정치의 본질적인 문제였던 것이다.

순자는 백성을 다스림에 있어 욕망 자체를 없애려고 하는 것은 비현실적이라고 보았다. 사람에게 욕망은 기본적인 속성으로서 불가피한 것이기 때문이다. 그러므로 치자治者는 백성이 욕망을 버릴 것을 기대해서도 안 되고, 욕망을 줄일 것을 기대해서도 안 된다고 보았다. 욕망을 없애려고 하기보다는 그것을 적절히 통제하고 과도하게 분출되지 않도록 다스리는 것이 현명하다는 것이다. 순자가 이를 위해 가장 효율적인 수단으로 제시한 것은 예禮로, 바로 그가 예치禮治를 강조했던 이유다.

이런 관점에서 보면 도덕적 선이라는 것도 훈육과 예치의 결과로서 얻은 하나의 사회적 산물이 된다. 선을 달성했다는 것은 곧 교육과 정치가 올바로 이뤄졌음을 의미한다. 순자는 이러한 인위적인 노력이 무엇보다 중요하다고 보았다. 그는 인위적인 노력을 위僞라고 하여 이기적 본성인 성性과 구분하고, 백성의 이기적 본성을 예로써 교화하여 선을 이루도록 하는 것을 정치의 목적으로 여겼다. 따라서 학자가 할 일도 인위적 정치가 실현될 수 있도록 이론적 근거를 밝히고 방법을 제시하는 데 있다고 보았다.

이처럼 도덕적 선이 선천적으로 부여되어 있는 것이 아니라 인위적 노력에 의한 사회적 산물이라는 결론을 도출해낸 것은 순자가 유학계에 남긴 가장 중요한 성과다. 도덕적 선의 근거라는 점에서는 코페르니쿠스적 전환을 일으켰다고 할 만하다. 이렇게 되면 하늘의 도리인 천도天道와 달리 사람의 도리인 인도人道는 별개로 존재하게 된다. 인도가 선천적으로 주어져 있다고 본 맹자뿐만 아니라 천도와 인도가 동일하다고 본 장자와도 입장을 달리한 것이다. 순자는 선을 실현하기 위해서는 훨씬 더 구체적이고 명확한 사람만의 인도를 설정해야 한다고 주장했다. 이제 교육의 내용과 예제의 절차를 인도의 실천이라는 구체적인 목표에 맞춰 설계할 수 있게 된 것이다.

순자는 인도의 실천을 위해서 무엇보다 이기적인 본성을 극복하고 이타적인 심성이 자리 잡도록 하는 노력이 필요하다고 여겼다. 사실 성인도 그 이기적 본성은 범인과 다를 바 없다. 다만 본성을 극복하고 변화시키는 능력에서 성인이 범인보다 뛰어날 뿐이다. 그렇다면 무엇이 이기적 본성을 극복하고 변화하게 하는가? 여기서 여러 사람의 마음이 가지고 있는 심리적 기능들이 등장하는데, 특히 순자는 사람의 인식 기능知과 실천 기능能에 주목했다.

순자는 모든 사람이 인식 기능을 가지고 있다고 보았다. 그리고 인식 기능의 작용이 누적되면 인식의 결과가 자동으로 도리에 합치하는 지智의 단계에 이른다고 했다. 이 언급은 앎에 대한 순자의 관점을 전형적으로 보여주는데, 특히 맹자와 비교해볼 때 매우 의미심장하다. 왜냐하면 맹자는 지智를 옳고 그름을 판단할 수 있는 선천적인 본성으로 여긴 반면, 순자는 사람이 선천적으로 가지고 있는 것은 일반적 인식 기능일 뿐 그것이 자동으로 시비에 대한 올바른 판단을 보장해주지는 않는다고 여겼기 때문이다. 다만 인식知이 누적되는 과정을 통해 지智의 단계에 도달할 수 있다고 보았다. 또한 지智의 시스템이 작동할 수 있는 것은, 마찬가지로 모든 사람에게 실천 기능이 있기 때문이며, 최종적으로 실천 기능을 통해 실제적 성과를 낼 수 있다고 했다.

순자는 지智가 결코 선천적으로 주어진 것이 아니므로 그것을 본성으로 함양한다는 것은 있을 수 없고, 사람에게 중요한 것은 지知의 일반적 인식 기능을 최대한 연마함으로써 그 단계에 도달하는 일이라고 여겼다. 여기서 일반인을 대상으로 하는 일상적 교육과 학습의 근거가 마련된다. 그리고 앎에 대한 유학적 관심이 맹자의 본성으로서의 지智에서 순자의 일반적인 인식 기능으로서의 지知로 전환되고 있음을 알 수 있다. 이로써 순자는 유학적 인식론의 영역을 일반인 전반으로 확장시켰으며, 단순히 타고난 본성을 계발하는 것이 아니라 거꾸로 지식을 통해 사람의 본성까지도 변화시킬 수 있다는 앎의 철학을 제시했다.

순자는 "길거리를 지나는 사람도 누구나 성인이 될 수 있다"고 했다. 교육을 통해 타고난 이기적인 본성을 순화시킬 뿐 아니라 더 나아가서는 이타적인 것으로 바꿀 수 있기 때문이다. 순자는 이것을 화성기위化性起僞, 즉 본성을 순화시켜 인위를 일으키는 것이라고 했다. 이것이 가능한 이유는 사람이라면 누구나 일반적인 인식 기능을 가지고 있기 때문인데, 이 인식 기능이 수없이 누적되다보면 지智의 단계에 도달하게 된다. 따라서 순자에게 지智는 타고난 본성이 아니라 많은 인식의 결과 도달하게 되는 높은 수준의 지혜라고 할 수 있다.

사람이라면 누구나 성인이 될 수 있다고 보았다는 점에서 순자는 맹자와 견해를 같이한다. 그러나 맹자는 선한 본성을 회복했을 때 성인이 된다고 본 반면, 순자는 지知의 인식능력을 충분히 발휘하여 일상적 판단이 자연스럽게 법도에 맞는 지혜를 갖추었을 때 성인이 된다고 보았다. 순자는 성인이 완벽한 인위적 지혜를 실천할 수 있게 되었을 때의 심리 상태를 대청명大淸明으로 표현했다. 대청명은 편벽되지 않고 잡된 선입관에 의해 가려짐 없는 맑고 밝은 마음을 뜻한다. 이 단계가 되면 사람은 우주의 이치에 통달하여 모든 변화에 자연스럽게 대처할 수 있는 성인의 경지에 다다른다. 또한 대청명의 단계에 이르려면 단순히 인식능력만 가지고는 부족하고, 텅 비우고 한 가지에 집중하며 그러면서도 고요하게 침잠하는 이른바 허일이정虛壹而靜의 실천 공부가 필요하다고 했다.

이렇게 보면 사람은 문제의 원인을 가지고 있지만 동시에 이를 해결할 가능성도 지니고 있는 존재다. 순자의 입장에서 볼 때, 성인이란 남다른 품성이나 자질을 가지고 태어난 별종의 인간이 아니라 앎의 기능을 최대한 발휘하여 인위를 달성한 사람일 뿐이다. 그런 까닭에 누구나 성인이 될 수 있다고 했으며, 사람의 후천적인 노력을 강조했다. 순자는 사람의 본성이 악하다고 보긴 했지만 인위적 노력을 통해 누구나 성인이 될 수 있다고 했다는 점에서 사람을 신뢰했던 공자의 충실한 후계자라 할 수 있다.

4.
주자, 알아야 행할 수 있다

송대 성리학을 집대성한 회암晦庵 주희朱熹(1130~
1200)가 중국과 한국의 지식인 사회에 끼친 영향은 거의 절대적이었다. 양
국 모두 교육 및 과거제도를 근대적으로 개혁하기 전까지 그의 학문을 유
일한 기준, 즉 관학으로서 채택했기 때문이다. 따라서 그는 이름이나 호보
다 주자라는 칭호로 더 잘 알려져 있다.

주자에게 있어 앎이란 모든 사사물물에 존재하는 원리를 아는 것이었
다. 이러한 개별적인 앎이 누적되면 우주만물을 지배하는 보편적 원리에
대한 깨달음이 이뤄지고, 그것이 바로 우리가 리기론理氣論이라고 할 때의
리이며, 성리학이라고 할 때의 리이다. 그가 볼 때 리는 완전무결하고 영원
불변하여 만물이 존재하는 존재 원리일 뿐만 아니라 인간이 준수해야 할
도덕 원리이기도 했다. 사실 이런 생각을 주자가 처음 한 것은 아니었다. 오
히려 이는 주염계, 소강절, 장횡거, 정명도, 정이천 등 북송시대 성리학자
들이 오랜 시간에 걸쳐 발전시킨 결과라 할 수 있다. 성리학을 개창한 주돈

이周敦頤(1017~1073)는 리의 존재를 우주 전체적 차원에서 해명하려 한 최초의 학자였다. 그는 지금의 후난湖南 성 출신으로 호가 염계濂溪이기 때문에 흔히 주염계로 알려져 있다. 그의 『태극도설太極圖說』은 도사 진박陳搏의 「무극도無極圖」를 참고해서 그렸다고 전해지는데, 중요한 점은 무극에서 그치지 않고 이것을 태극과 연결시켜 무극과 태극을 우주만물의 근원으로 해석했다는 점이다.

무극은 무엇이고 태극은 무엇인가, 나아가 무극과 태극은 어떠한 관계인가 등을 둘러싸고 수많은 학설이 난무했지만, 요지는 세상이 우연히 존재하지 않으며 세상을 지배하는 필연의 원리가 존재한다는 것이다. 이전의 도사나 선사들이 생각한 바처럼 무無나 공空이 아닌 유有를 주장한 것이다. 이 주장이야말로 유학의 본래 정신을 재천명한 기념비적 선언이라고 할 수 있다. 이것이 성리학을 신유학이라 칭하는 까닭이며, 주염계를 성리학의 비조鼻祖라 부르는 까닭이다.

주자는 주염계의 『태극도설』에 인격적 완성, 즉 성인이 되는 길이 제시되어 있다고 보았다. 그는 "성인은 수행을 위해 애쓰지 않아도 저절로 된다. 군자는 이 단계에 이르지 못하지만 수양하여 길하게 되며, 소인은 이것을 알지 못하고 거스름으로써 흉하게 된다. 수양하고 거스르는 것이 공경하느냐敬 방자히 구느냐肆에 달려 있으니, 공경하면 욕심이 적어지고 리가 밝아진다. 욕심을 적게 하고 또 적게 하여 욕심이 무無에 이르면, 고요히 있을 때靜는 텅 비고虛 움직일 때動는 곧아서直 성인을 배울 수 있을 것이다"라고 했다. 우주적 원리를 가지고 세상을 바라보면 자연히 욕심이 적어지고 성인이 되는 길이 열린다는 것이다.

앎에 대한 주자의 철학에는 주염계에서 시작해 정이천에 이르러 구체화된 리의 세계관이 바탕에 깔려 있다. 즉 앎이란 우주만물에 산재하고 있는 리를 아는 것이다. 또 리를 안다는 것은 단순히 사물에 대한 사실적 정보를 획득하는 것이 아니라 우주만물을 지배하는 보편적 원리를 이해하고 삶 속에서 실천한다는 의미다. 리는 인간을 포함하여 우주만물에 두루 존재한다는 것이 주염계 이후 송대 성리학자들의 공통된 생각이었다. 따라서 리를 알기 위해서는 구체적인 사물을 탐구해도 되고, 사람에게 본성의 형태로 주어져 있는 마음속의 리를 탐구해도 된다는 이야기다. 오히려 번잡하게 많은 사물을 탐구할 것이 아니라 자신의 마음속을 탐구하는 편이 더 효율적이라고 여길 수도 있다. 적어도 이론상으로는 맞는 말이다.

주자도 처음에는 이런 생각으로 많은 고민을 했다. 학계에서 말하는 이른바 "미발未發 시의 기상을 어떻게 체인體認할 것인가"의 문제였다. 그러나 주자는 그것이 가능하지 않고, 따라서 앎은 구체적인 사물을 대상으로 할 때만 가능하다고 판단했다. 이런 판단에는 장식張栻(1133~1180)의 영향이 컸다. 주자도 평생 동안 여러 차례 자신의 생각을 바꾸면서 최종 입장을 정립했던 것이다. 어떤 학자도 처음부터 완전한 사상 체계를 갖추고 그것을 끝까지 유지하지는 못한다. 그런 까닭에 평생 연구한 최종적 결론을 이르는 만년정론晩年定論이라는 말이 생긴 것이다.

주자는 구체적인 사물을 대상으로 하는 앎의 과정을 『대학』에서 따온 격물格物이라는 말로 표현했다. 흔히 서양철학에서 말하는 인식론의 개념을 성리학에서 찾을 때 격물론을 거론한다. 유학에서 격물론에 주목한 것은 전적으로 주자의 공로라 할 수 있다. 그는 격물을 매우 중시하여 『대학』

을 집주集註할 때 이전에 없던 격물장을 새로 만들 정도였다. 그리고 격물
에 대해 이렇게 해석했다.

격格은 이르다至는 뜻이고, 물物은 일事과 같다. 사물의 리를 궁구하여
마지막까지 이르지 않음이 없도록 하는 것이다.

어떤 사안이나 사물에 내포된 리에 끝까지 접근해 들어가서 완전하게
파악하는 것이 격물이라는 설명이다. 물을 단순히 사물로만 생각하면 마
치 사물이 갖고 있는 물리적 원리를 경험적으로 인식하는 것을 의미하는
듯 생각될 수도 있다. 그러나 주자가 물을 일과 같다고 했듯이, 물은 단순
한 사물이 아닌 어떤 상황이나 사안을 뜻하는 바가 더 크다는 점에 유의
해야 한다. 어린아이가 우물에 빠지는 것을 보면 이해를 따지기 전에 마땅
히 달려가 구하는 것이 그 상황에서는 리인 것이다. 리는 더욱이 상황뿐
아니라 사물에도 각기 본성으로서 내재하여, 가령 수레에는 땅 위를 굴러
다니는 리가 있고 배에는 물 위를 뜨는 리가 있어서 리는 그 사물이 본래
적 기능을 행사할 수 있는 근거가 된다고 보았다. 이처럼 어떤 사물을 알
고자 한다면 반드시 사물에 직접 다가가서 그 리를 탐구해야 하며, 이미
알고 있는 것을 바탕으로 점점 그 앎의 범위를 넓혀가면 언젠가는 우주만
물의 리를 통달하게 되는 활연관통의 경지에 이른다는 것이다. 이를 통해
주자에게 분명 주지주의적 측면이 있음을 알 수 있다. 중국철학사에서 주
지주의를 대표하는 인물로 주자를 꼽는 이유이기도 하다.

그러나 주자가 말하는 격물의 의미를 올바로 이해하려면 격물의 목적

인 리의 성격을 다시 한번 생각해볼 필요가 있다. 그에게 리는 마땅히 지켜야 할 행위의 준칙이라는 점에서 소당연所當然의 원리이며, 사람과 만물이 존재하게 된 원인이라는 점에서 소이연所以然의 원리다. 존재 원리와 행위 준칙을 동일한 것으로 보았다는 말이고, 소당연이면서 소이연의 원리인 리를 찾는 것이 바로 격물이 되는 셈이다. 결국 격물은 어떤 상황이나 사물에 있어서 '마땅한' 원리를 알아내는 것이다.

주자는 진정한 앎이란 '마땅한' 원리를 아는 것이며, 이로써 올바른 행위를 할 수 있다고 보았다. 따라서 앎은 올바른 행위를 위해서도 매우 중요한 것이 된다. 그러나 주자는 격물이 이뤄지는 인간의 심리적 구조에 대해서는 세밀하게 언급하지 않았다. 단지 사람 마음이 갖고 있는 신령스러운 능력은 알지 못하는 바가 없고, 리를 알지 못하는 것은 알고자 하는 노력과 성의가 부족하기 때문이라고 했을 뿐이다. 아마 그의 궁극적인 관심이 지식론 그 자체보다는 사회적 실천에 있었기 때문인 듯하다. 주자학의 체계에서 앎이 가능한 근거는 무엇인가? 우선 주자학에서는 사람의 마음에 허령지각虛靈知覺의 능력이 있다고 보았다. 허령지각의 능력이 어디서 나오는가에 대해서는 명확히 설명하지 않아 후대 학자들의 견해도 분분하다. 다만 만물의 영장인 인간의 마음속에만 존재하는 고유한 지각능력으로 언급하고 있을 뿐이다.

가장 중요한 과제로 등장한 것은 허령지각의 능력이 올바로 발현되기 위해서는 어떻게 해야 하는가의 문제였다. 쉽게 생각하면 욕망이 허령지각을 가로막지 않도록 하면 된다고 말할 것이다. 그러나 주자는 좀더 적극적으로 사람이 갖고 있는 허령지각의 능력을 배양하는 방법 쪽으로 관심

1장 앎에 대한 제유의 입장

을 돌렸다. 사실 주자도 이 방법이 가능하지 않다고 생각했던 시기가 있었다. 학계에서 보통 구설舊說이라고 칭하는 때였다. 마음이 발發하기 이전 단계에 그것을 직접 공부의 대상으로 삼는 것은 불가능하다고 생각한 것이다. 발한다는 말은 일종의 의식 작용의 의미에 가깝다. 의식 작용이 일어나기 전은 무의식의 세계로서 그것에 대해 어떤 공부를 한다는 것 자체가 불가능하다는 말이다. 또한 자신의 마음으로 자기 내면을 들여다보는 것이 불교에서 말하는 방식이라는 반감도 있었다.

그러나 만년에 접어든 주자는 그것이 가능하다고 생각했을 뿐만 아니라, 나아가 격물의 성패를 좌우한다고까지 생각하게 되었다. 격물이 올바로 이뤄지려면 허령지각의 능력이 욕망에 의해 왜곡되지 않아야 할 뿐만 아니라 올바로 발휘될 수 있도록 먼저 튼튼하게 길러져야 한다는 것이었다. 이른바 신설新說을 제시한 것이다. 발하기 이전의 단계에서 함양하는 것은 어떻게 가능한가? 사실 이 물음은 이후에도 많은 논란을 불러일으킨 예민한 문제다. 본래 미발의 단계에 대한 함양이 불가능하다고 했던 것은 어떤 자의성이 작용할 수 있다는 우려 때문이었다. 발하기 이전 미발의 단계는 순수한 리(성性)의 영역으로서 아무리 선한 목적이라 해도 인간의 의도가 작용하면 왜곡될 수 있다고 여겼고, 따라서 이제 의도성을 배제하면서 미발의 본성을 함양할 수 있는 방법론이 필요했다.

주자는 이 문제를 간접적 방법을 통해 해결하고자 했다. 바로 일상에서의 실천이었다. 미발의 본성 그 자체에 직접 접근하는 것이 아니라 일상에서의 실천을 통해 타고난 본성이 튼튼히 뿌리내릴 수 있도록 함양하자는 것이었다. 일상의 실천은 난해하지 않다. 물 뿌리고 마당 쓰는 것과 같은 사소한 행위들인데, 이러한 실천을 통해 얻어지는 것은 결코 사소하지 않다. 일반적으로 실천이라고 하면 이미 알고 있는 내용을 행동으로 옮기는 것을 뜻한다. 그러나 주자가 일상적 실천을 강조한 것은 이런 성격의 실천이 아니었다.

그는 장식 등 이른바 호상학파湖湘學派와의 토론을 통해 격물의 중요성을 알았지만, 격물이 그 자체만으로는 결코 올바른 앎을 보장하지 않는다는 점을 깨닫게 되었다. 그는 비로소 격물의 근본이 되는 본성에 대한 함양의 방법으로서 실천을 생각하게 되었다. 그는 일상적인 실천을 통해 욕망을 제어함으로써 인의예지의 본성이 올바로 발현되며 허령지각의 능력도 배양되어 격물의 과정이 올바로 이뤄진다고 보았다. 또한 실천을 통해 자아를 확립함으로써 알면서도 실천하지 않는 자포와 자기, 즉 도덕적 의지박약의 문제도 해결된다고 생각했다. 이처럼 앎에 있어서 격물은 매우 중요하지만 그 자체만으로는 부족하고 실천을 통해 근본을 함양하는 것이 그에 못지않게 중요하다고 본 것이다.

주자의 이런 생각은 현대 교육계에 던지는 시사점이 크다. 말하자면 지식 그 자체를 많이 전달하려고 노력하는 것보다 지식을 습득하는 것을 좋아하고 그 지식을 올바로 사용하게끔 기본적인 품성을 길러주는 것이 더욱 중요하다는 것이다. 주자가 만년에 제자 유자징劉子澄을 시켜 물 뿌리고 마당 쓰는 도리를 담은 『소학』을 편찬케 한 것은 바로 이러한 의도에서였다. 주자는 『소학』은 집을 지을 때 집터를 닦는 것이고 『대학』은 그 터에 재목으로 집을 짓는 것과 같다고 할 정도로 『소학』에 큰 의미를 부여했다. 조선시대 사림파 학자들이 『소학』을 중시했던 것도 이런 일상적 실천이 올바른 앎을 준비하기 위한 근본 배양이라는 점을 이해했기 때문이다. 결국 앎 知과 일상적 실천行은 병행해서 이뤄져야 하고 상호 보완되어야 한다는 것이 주자의 입장이었다.

주자에게는 올바로 알아야 올바로 행할 수 있다는 주지주의적 측면이 분명히 있다. 지와 행의 관계만 가지고 말하자면 선지후행先知後行이라 할 수 있다. 주자 스스로도 "모름지기 먼저 알아야만 바야흐로 행할 수 있으니, 이런 까닭에 『대학』에서는 먼저 치지致知를 말했고, 『중용』에서는 지知를 말한 것이 인仁·용勇보다 앞섰으며……"라고 한 적이 있다. 그러나 한편으로는 올바른 앎에 도달하기 위해서는 사물에 대한 대상적 지식만으로는 불충분하며 일상적 실천을 통한 본성의 함양이 필수적으로 요구된다는 점도 강조했다. 노년기의 주자는 오히려 이 점을 더욱 중시하고 강조했다. 지와 행은 서로 보완되어야 하며 동시에 이뤄져야 한다는 것인데, 이 점에서는 지행병진知行竝進이라고 해야 할 것이다.

이렇듯 주자에게는 선지후행의 측면과 지행병진의 측면이 공존한다. 따라서 전문가들 사이에도 앎에 대한 주자의 입장을 선지후행으로 보는 견해와 지행병진으로 보는 견해가 있다. 결론적으로 주자는 지와 행의 선후관계만 가지고 말하면 선지후행을 인정하는 입장이었고, 올바른 앎을 이루기 위해서는 지행병진을 강조했다고 정리할 수 있다. 이와 같은 주자의 생각은 앎에 관한 성리학적 이론의 완성이었다. 그는 맹자가 주장한 인의예지의 본성이 사람에게 선천적으로 갖춰져 있다는 데 동의했으며, 동시에 순자가 강조한 외부 사물에 대한 객관적 인식의 중요성을 인정했다. 따라서 주자는 사사물물에 내포되어 있는 리에 대한 객관적 인식을 강조했을 뿐만 아니라 일상적 실천을 통해 선한 본성의 함양도 인식의 성패를 결정짓는 중요한 일부로서 중요시했다. 이로써 선명하게 대립했던 맹자와 순자의 입장은 주자에 의해 성리학의 이론으로 수렴되었다. 앎에 관한 종합적 이론 체계가 완성된 것이다. 이후에 등장한 동아시아 여러 나라 성리학자들의 앎에 관한 주장은 호불호 간에 주자의 이론을 바탕으로 한 것이었다.

5.
양명, 아는 것과 행하는 것은 하나다

　　왕수인王守仁(1472~1528)은 자가 백안伯安이고 호는
양명陽明으로 저장浙江 성 소흥부 여요餘姚에서 태어났다. 그가 태어날 당
시 중국은 밖으로는 북방 민족의 침입에 시달리고 있었고 내부적으로는
환관들에 의한 공포정치가 맹위를 떨치고 있었다. 명나라를 건국한 주원
장朱元璋은 건국 초기부터 주자학을 관학으로 채택하고 학문에 대한 통제
를 강화했는데, 당시에 이르면 주자학은 도학으로서의 정신을 상실하고
오로지 과거시험을 위한 도구로서 역할을 하고 있을 따름이었다.

　　왕양명은 20대 초반까지 주자학을 공부했다. 풀 한 포기 나무 한 그루
에도 모두 지극한 이치가 있다는 주자의 가르침대로 격물을 통해 만물의
이치를 깨닫고자 했다. 그는 북경에서 벼슬살이를 하던 아버지 용산공龍
山公을 모시고 있었는데, 아버지가 근무하던 관청 주변에는 대나무가 많았
다. 양명은 대나무를 대상으로 격물을 시도했다. 이레 동안 계속했지만 기
대했던 이치는 깨닫지 못하고 병만 얻고 말았다. 이후 그는 정주학과 결별

안다는 것에 대한 동양적 성찰

하고 과거 공부에 몰두하거나 도가 및 불가에 출입하면서 방황의 시기를 보내게 된다.

양명은 일반적인 사대부 자제들과 마찬가지로 과거시험에 도전했고 27세 때 급제하여 벼슬길에 올랐다. 벼슬살이를 하던 양명은 35세가 되던 해에 인생의 중대한 전환점을 맞게 된다. 당시의 실력자인 환관 유근劉瑾과 대립하게 된 것이다. 이로 인하여 양명은 이듬해 귀양에 처해졌는데, 귀양지는 오늘날의 구이저우貴州 성 용장龍場이라는 곳이었다. 용장은 기후가 나쁘고 풍토병이 심해 귀양생활 중에 죽는 사람이 많았다. 그는 이곳에서 많은 고초를 겪었던 것으로 보이는데, 이런 시련은 오히려 학문적으로 새로운 깨달음을 얻는 계기가 되었다. 그는 그때까지 계속 격물에 대한 의문을 마음에 담아두고 있었던 것이다. 어느 날 그의 머릿속에 한 줄기 빛이 쏟아졌다. "이치는 사물에 있는 것이 아니라 바로 내 마음속에 있다." 이렇게 생각하니 지금까지 머릿속을 채우고 있던 의문들이 눈 녹듯이 풀렸다. 후대 학자들은 이를 두고 용장대오龍場大悟라 칭하는데, 비로소 양명학의 역사가 시작된 것이다.

용장대오의 계기가 된 격물에 대한 그의 생각을 들어보면 양명학이 대략 어떤 것인지 짐작할 수 있다. 양명은 논란이 된 격물의 의미에 대해 다음과 같이 말했다.

격格이란 바르게 하는 것正이다. 바르지 않은 것을 바르게 하여 바른 데로 돌아가게 하는 것을 말한다.

이는 앎의 문제에 대한 양명의 생각을 가장 잘 보여주는 말로서 주자의 생각과 뚜렷하게 대비된다. 앞서 보았듯이 주자는 격을 '이르다至'로 해석한 데 비해, 양명은 '바르게 하는 것'으로 해석하여 격물이란 바르지 않은 것을 바로잡아 바른 데로 돌아가게 하는 것이라고 주장했다.

언뜻 들으면 양명의 생각은 매우 주관적이어서 객관성을 잃은 것처럼 생각되기도 한다. 그러나 그의 생각은 그처럼 단순하지 않다. 그는 물物에 대해서 주자와 마찬가지로 일事이라고 했지만, 일이 단순히 객관적으로 존재하는 사물을 의미하지는 않는다는 점에서 주자와는 달랐다. 그는 격물의 대상으로서의 일이란, 그냥 길거리에 굴러다니는 돌멩이 같은 것이 아니라 사람의 의지意가 투영된 것이라고 보았다. 다시 말해서 사람이 어떤 의미를 부여한, 또는 사람에게 어떤 의미가 있는 것만이 일이라는 것이다. 이와 관련하여 재미있는 일화가 그의 언행록에 실려 있다.

양명의 제자 가운데 설간薛侃이라는 사람이 있었다. 하루는 그가 꽃밭에서 잡초를 뽑아내고 있었다. 그는 자꾸 자라나는 잡초에 짜증이 났던지 잡초에 대한 원망을 고상하게 포장하여 스승에게 물었다. "선생님, 선은 어째서 이토록 배양하기 어렵고 악은 어째서 이토록 제거하기 어려울까요?" 힘도 들고 해서 무심코 물었을 듯한데, 양명은 이에 대해 철학이 담긴 심오한 답변을 들려주었다. "꽃을 선이라 생각하고 잡초를 악이라 생각하는 것은 자네가 꽃의 아름다움만을 생각하기 때문이네. 세상에 생명을 가진 것 가운데 선한 것과 악한 것은 없다네. 만약 자네가 사정이 있어서 잡초 가운데 어떤 것을 구하고자 한다면, 그때는 잡초가 오히려 선인 것이네." 우문현답의 극치를 보여주는 장면이다.

세상에 정해진 선과 정해진 악이란 없다. 그러나 사람들은 어떤 것은 선한 것이고 어떤 것은 악한 것이라고 자기 입장에서 쉽게 판단하곤 한다. 꽃을 선으로 생각하고 잡초를 악이라 생각하는 것과 마찬가지다. 사람이 어떤 대상에 의미를 부여하면 그 대상은 격물의 대상으로서 물이 된다. 따라서 앎의 오류는 대상에 대한 정보가 부족해서가 아니라 인식의 주체인 사람이 잘못된 편견을 갖는 데 그 원인이 있다. 그러므로 올바른 앎이란 사람의 마음을 바르게 하고 대상에 대한 잘못된 편견을 바로잡아 올바른 상태로 되돌리는 데서 시작된다. 이것이 격물에 대한 양명의 기본 입장이었다.

양명이 "마음이 곧 이치다心卽理"라고 주장한 것 역시 이러한 배경에서였다. 주자는 사사물물에 리가 있다고 하여 이를 궁구하고자 했지만, 그가 말하는 리도 결국 물리적 원리가 아닌 도덕 원리라는 점에서 마음에서 벗어나지 않는다. 이 점은 주자의 오류라기보다는 유학의 학문적 성격이라고 할 수 있다. 양명은 주자가 말하는 리의 한계점을 예리하게 지적하면서, 리가 마음에서 벗어나지 못한다면 결국 마음의 리이며 번잡하게 사사물물에서 찾을 것이 아니라 바로 마음에서 찾아야 한다고 주장했다.

양명이 성의誠意를 앞세우는 고본『대학』을 지지한 것도, 격물이 올바로 이뤄지기 위해서는 먼저 내 마음에 본유한 양지良知의 기능을 함양하는 것이 우선이라고 보았기 때문이다.『대학』은 본래 독립적인 단행본이 아니라『예기』49편 가운데 한 편이었는데, 주자가 이를 중시하여 분리·독립시킨 것이다. 원래『예기』에 들어 있던 소위 고본『대학』은 그 체제와 내용에 애매한 부분이 많아, 주자가 이를 대폭 수정하고 보완하여 만든 것이 바로

『대학장구大學章句』다.

　　그런데 양명은 주자의 『대학장구』를 인정하지 않고 오히려 고본 『대학』의 체제가 옳다고 주장했다. 그가 이렇게 본 가장 큰 이유는 성의와 격물의 순서였다. 『대학』은 삼강령·팔조목을 서술한 경經 부분과 그것을 설명한 전傳 부분으로 구성되어 있다. 경문은 공자의 말을 제자인 증자가 기술한 것이고, 전문은 증자의 해석을 그의 문인이 기록한 것이라 전해진다. 3강령 8조목을 서술한 경문은 고본 『대학』이나 『대학장구』나 별 차이가 없다. 그러나 전문 부분에 오면, 고본 『대학』에는 성의를 앞세우고 있는 데 비해 『대학장구』는 격물을 앞세우고 있다. 특히 격물 부분은 고본 『대학』에는 없던 내용을 주자 자신이 새로 만들어 넣은 것이다. 후대 학자들은 본래 없던 것을 보완해 넣었다 하여 이 장을 보망장補亡章이라 부른다.

　　이런 현상이 빚어지게 된 것은 단순히 해석상의 차이라기보다는 근본적으로 두 사람의 철학적 입장이 달랐으며, 특히 앎에 대한 접근 방식이 달랐기 때문이다. 주자는 올바른 앎을 위해서 무엇보다 대상에 대한 철저한 궁구窮究가 먼저라고 보았고, 양명은 마음의 편견과 욕망을 걷어내고 마음에 갖춰져 있는 이치가 올바로 발휘될 수 있도록 하는 일이 우선이라고 보았다. 이와 같은 입장 차이도 격물이라는 글자 자체에 대한 해석 차이에서 온 것이라기보다는 격물의 의미에 대한 철학이 달랐던 데서 기인한다. 엄격히 말하면 격물을 선지후행의 입장에서 대상에 다가가 그 이치를 탐구하는 궁리의 과정으로 보는 주자와 달리, 양명은 격물을 인식의 과정이 아니라 내 마음의 이치를 대상 사물에 적용하여 사사물물에 천리가 넘치도록 하는 일종의 도덕 실천의 과정으로 본 것이다.

이처럼 양명이 심즉리를 주장하고 격물을 인식이 아닌 도덕 실천의 과정으로 보는 근거는 무엇인가? 그는 맹자가 말한 양지·양능에 주목했다. 맹자는 일찍이 사람이 선천적으로 지니고 있는 본성에 대해 두 가지로 설명한 바 있다. 우선 측은, 수오, 사양, 시비의 네 가지 단서를 통해 사람은 누구나 인의예지의 본성을 지녔음을 알 수 있다고 했다. 그는 다른 곳에서 사람의 본성을 양지·양능이라는 말로 설명하기도 했는데, 이는 배우지 않아도 할 수 있고 깊이 생각하지 않아도 알 수 있다는 뜻이다. 어린아이도 제 부모를 친애할 줄 알고 자라서는 부형을 공경할 줄 아는데, 이는 가르쳐서가 아니라 태어나면서 저절로 그렇게 하는 것이니 바로 양지·양능이라는 것이다. 부모를 친애하는 것은 다름 아닌 인이고, 부형을 공경하는 것은 바로 의다. 따라서 인과 의가 곧 양지·양능이라는 말이며, 예와 지도 마찬가지임은 말할 필요도 없다. 이렇게 볼 때 양지·양능은 따로 배우거나 노력하지 않아도 가능하다는 표현의 양태를 의미하는 말이고, 인의예지는 무엇이 가능한지 그 내용을 말한 것이다. 결국 인의예지는 본래 사람의 마음에 갖춰진 것이며 그 외에 따로 밝혀야 할 이치는 없다는 뜻이 된다.

왕양명은 양지·양능이야말로 앎에 대한 사람의 선천적 능력을 잘 나타낸다고 보았다. 아마 이 둘이 사람의 마음이 갖고 있는 신묘한 앎의 능력을 직접 언급했기 때문으로 보인다. 그러므로 양지·양능은 양명의 철학적 출발점이자 양명학의 이론적 근거라고 할 수 있다.

양지·양능은 사람에게 본래 갖춰져 있는 것이다. 따라서 격물이란 새로운 지식의 습득이 아니라 양지의 내용, 즉 인의예지의 실천일 뿐이고 그 자체가 行행이라 할 수 있다. 이를 위해서는 양지·양능을 온전히 유지하도록 함양하지 않으면 안 된다. 양명은 양지를 사사물물에 실현하는 것을 양지를 다함, 즉 치양지致良知라 했다. 치양지는 그 자체가 지知이면서 동시에 행行이다. 양명에게 격물은 곧 치양지이며, 치양지를 통해 지의 내용은 거의 시간 차이 없이 사사물물에서 실현되는 것이다. 그는 이것을 일러 지행합일知行合 , 즉 앎과 행함은 하나라고 했다.

후대의 많은 학자는 알면서도 행하지 않는 사례를 들어 지행합일설을 비판하곤 했다. 그러나 양명이 말하는 지행합일의 올바른 의미를 알려면 먼저 양지와 치양지의 의미를 이해해야 한다. 치양지는 그 자체가 지와 행의 의미를 함께 지니고, 양명은 치양지를 통해 지행합일을 이룰 수 있다고 보았다. 지행합일을 달성하기 위해서는 무엇보다 양지의 기능이 본래의 모습대로 발현되어야 한다. 만약 양지의 기능이 올바로 작동되기만 한다면, 부모에게 효도하고 형을 공경하는 것이 옳은 일임을 아는 그 순간 마치 아름다운 여인을 보고 좋아하는 마음이 생기듯 곧바로 부모에게 효도하고 형을 공경할 것이라고 했다. 무엇보다 중요한 것은 마음속의 양지를 잘 함양하여 어떤 상황에 처했을 때 올바로 발현되도록 하는 일이다.

6.
퇴계, 앎은 끝없는 수양의 과정이다

퇴계退溪 이황李滉(1501~1570)은 죽음을 20여 일 앞
둔 1570년 음력 11월 15일 고봉 기대승에게 편지 한 통을 썼다. 이 편지에
는 이른바 격물론 가운데 물격物格에 관한 자신의 주장을 뒤집는 중요한
내용이 담겨 있었다. 격물론과 같은 핵심적인 사안에 대해 자신이 견지해
온 기존의 주장을 뒤집었다는 것은 작은 일이 아니다. 당대 원로 학자로서
학계에서의 위상이나 자존심이 걸린 문제일 수도 있었다. 그러나 그는 옳
다고 생각하는 바에 대해서 말하는 데 망설임이 없었다.

이 문제는 당시 학자들 사이에 하나의 쟁점이 되고 있었고 퇴계와 고봉
도 이 문제로 고심에 고심을 거듭해왔던 터였다. 따라서 죽음을 앞두고 갑
자기 나온 발언은 아니었다는 말이다. 퇴계는 기존의 주장을 바꾸게 된 계
기를 고봉이 제공했다고 했으며, 고봉 역시 나중에 퇴계가 세상을 떴을 때
물격에 관한 두 사람의 견해가 하나로 합치되었다고 제문에 썼다. 일반적
으로 볼 때 두 사람의 견해가 완전히 합치되었다고 말하긴 어렵지만, 적어

도 이런 생각을 퇴계 혼자만 한 것은 아니었음을 알 수 있다. 어쨌든 연구자들은 이 편지 내용을 근거로 퇴계가 만년에 자신의 격물론을 번복했다고 본다.

'물격'과 '물리의 지극한 곳에 이르지 않음이 없다'는 설에 대해서는 삼가 가르침을 따르겠습니다. 전에 제가 잘못된 설을 고집했던 이유는 단지 주자의 '리는 정의情意도 없고 계탁計度도 없으며 조작造作도 없다'는 설만 지킬 줄 알아서, 내가 궁구하여 물리의 지극한 곳에 이르는 것이지, 리가 어찌 스스로 지극한 곳에 이르겠는가라고 생각해서였습니다. 그렇기 때문에 물격物格의 격格과 무부도無不到의 도到를 모두 내가 '격'하고 내가 '도'하는 것으로 보았던 것입니다.(『퇴계집』 18권, 書書, 「답기명언答奇明彦」)

퇴계는 당초 '물격'을 '물(에) 격(한)'으로 해석했는데, 이는 물을 인식 대상으로 보고 인식 주체인 사람의 마음이 대상에 이른다는 의미다. 그는 이런 관점이 주자의 생각에 부합한다고 믿었다. 주자가 아니더라도 사람이 사물을 인식한다는 것은 의식이 사물에 미침으로써 사물에 내재된 정보를 획득해온다고 보는 것이 일반적이다. 이런 생각은 퇴계가 제자 정유일에게 3년 전쯤에 보낸 편지에서 명확하게 밝힌 바 있다.

'격格' 자는 끝까지 캐어 이른다는 뜻을 가졌습니다. 격물은 중점이 '궁구함'에 있기 때문에 '물(을) 격(호매)'이라 했고, 물격은 중점이 '이름'에

안다는 것에 대한 동양적 성찰

있기 때문에 '물(에) 격(한)'이라고 한 것입니다. (…) 이것은 모두 리가 사물에 있기 때문에 사물에 나아가서 그 리를 깊이 연구하여 지극한 곳에 이름을 말하는 것입니다. 왜냐하면 리의 측면에서 말하자면 원래 물物과 나와의 간격이나 내외內外와 정조精粗의 구분이 없지만, 사물의 측면에서 말한다면 무릇 천하 사물이 실제로 모두 내 밖에 있는 것이니 어찌 리가 하나라고 하여 마침내 천하의 사물이 모두 내 안에 있다고 하겠습니까?(『퇴계집』 26권, 서, 「격물물격속설변의, 답정자중格物物格俗說辯疑, 答鄭子中」)

그러나 이 문제는 당시 학계에서 논란의 대상이 되었을 뿐 아니라 뛰어난 학자 기고봉도 이 문제에 대해 질문하자, 퇴계는 깊이 검토한 뒤 지금까지의 해석에 심각한 오류가 있다고 판단했다. 오류라고 생각한 것은 지금까지 지나치게 사람 중심으로만 생각한 나머지 사물을 단순히 대상으로만 여겼다는 점이다. 사람을 포함한 우주만물이 나에게 단순히 객체이고 대상일 뿐인가? 죽음을 앞둔 시점에서 이 물음에 대한 근본적인 반성을 한 것이다. 그리하여 우주만물, 즉 사물은 단순히 대상이 아니라 나와 더불어 우주를 이루는 공동체의 일원이라는 결론을 내렸다.

이것은 단순히 한문 해석의 문제라기보다는 세계관의 변화라고 봐야 할 것이다. 세상을 보는 시각이 달라진 것이다. 그 결과 '물격'에 대한 해석도 '물(이) 격(한)'으로 보는 것이 옳다고 했다. '물(이) 격(한)'으로 해석하면 '물이 이른다'는 말이 된다. 즉 사람이 사물을 인식하고자 하면 사물에 내재한 리가 마음에 이른다는 의미다. 사람이 일방적으로 사물에 내재한 리에 다가가서 획득하는 것이 아니라 사람이 사물을 인식하고자 하면 사물의 리가 사람의 마음에 다가온다는 말이다. 흔히 말하는 '리자도理自到'의 설이다. 이것이 물격에 대한 올바른 해석인가는 관점에 따라 달리 생각할 수 있다.

그러나 퇴계 입장에서의 앎이란 단순히 사물에 대한 대상적 인식이 아니라 주체와 객체가 하나의 장에서 이뤄지는 소통과 화해였던 것이다. 이것은 퇴계의 삶과 철학사상 전체를 인식론적 관점에서 표현한 것으로 볼 수 있다. 그는 평생 만물의 존재를 존중하고 수용하는 삶을 살았다. 마음 공부를 중시했지만 마음을 유일한 결정자로서 중시한 것이 아니라 타자와 자아의 공동체적 관계를 스스로 확인하고 발전시키기 위해 마음의 수양을 강조했다.

퇴계는 다른 우주만물과 마찬가지로 사람의 마음도 '리기의 합'으로 이뤄졌다고 보았다. 그러나 마음에는 다른 사물에 없는 허령지각의 능력이 있다고 했다. 허령지각은 유학자들이 앎의 문제를 언급할 때 흔히 쓰는 말이지만, 퇴계는 자신만의 관점에서 이 말을 쓰고 있다. 그는 사람의 본성에 갖춰진 리와 세상만사의 리가 하나로 통합됨으로써 궁극의 진리성을 확인하는 일을 가리켜 허령지각이라고 했다. 허령지각을 위해서는 발하기 이전 성性의 단계와 발하고 난 이후 정情의 단계에서 공히 함양성찰의 공부를 해야 한다. 퇴계는 여기서 중국 북송의 유학자 장횡거가 제시한 심통성정心統性情이라는 아이디어에 주목했다. 마음이 성정性情을 공히 통섭한다는 말인데, 퇴계는 특히 '통섭'의 개념에 주목했고, 통섭 기능이야말로 허령지각을 가능케 하는 핵심이라 여겼다.

안다는 것에 대한 동양적 성찰

사실 '리자도'의 설은 사단칠정론에서 퇴계가 끝내 굽히지 않았던 리발理發설이나 리가 우주의 궁극적 근원임을 말한 리동理動설과 통하는 개념이다. 이는 리의 운동성을 인정한다는 점에서 공통점이 있다. 여기서 한 가지 의문이 생긴다. 과연 사단칠정론에서 리발의 주장을 완강하게 반대했던 고봉이 물격의 문제에 있어서는 리자도를 주장한 것을 어떻게 설명할 것인가? 이 부분에 대한 고봉의 명확한 입장 해명을 찾아내기는 어렵다. 다만 사단칠정론에서의 리발에 대한 반대가 고봉의 최종적 입장인가에 관해서는 면밀한 재검토가 이뤄져야 할 것이다. 퇴계는 평소 리발과 리동의 입장에도 불구하고 물격의 문제만큼은 '리자도'를 부정하다가 거듭된 사색 끝에 최종적으로 '리자도'의 입장을 정하지 않았을까 생각된다.

퇴계가 왜 이런 입장 변화를 일으켰는지는 만년의 여러 저술을 종합적으로 고찰할 때 이해할 수 있다. 하나의 예로 「서명고증강의西銘考證講義」를 들 수 있다. 이것은 그가 임금을 위해 장횡거의 「서명西銘」을 경연의 교재로 채택했을 때 작성했던 강의록이다. 이때가 격물론을 수정하기 2년 전인데, 퇴계는 「서명고증강의」를 저술하면서 우주만물과 개별 인간, 즉 전체와 개체의 관계에 대해 깊이 생각하고 자신의 입장을 정리했던 것으로 보인다. 퇴계가 물격에 대한 해석을 바꾼 것은 사물과 인식 주체인 사람의 관계에 대한 재고이므로, 「서명고증강의」를 저술할 시기에 전체와 개체의 관계를 다시 정리하면서 물격에 대해서도 재검토했을 가능성이 있다.

퇴계는 「서명고증강의」에서 "변화를 알면 일을 올바로 추진하고 정신을 궁구하면 뜻을 올바로 계승한다知化則善述其事, 窮神則善繼其志"라는 부분에 대해 언급했다. 쉽게 풀어보면 전체적인 구조와 맥락을 알아야 무슨 일이든 제대로 할 수 있다는 뜻이다. 우리는 이 말에서 '알아야' 한다는 단어에 주목할 필요가 있다. 먼저 알아야만 나에게 합당한 태도와 방법을 결정할 수 있기 때문이다. 「서명」은 타자와 나는 동포이며 심지어 사물마저도 나와 한편임을 말하고 있다. 궁극적으로 사람과 우주만물은 일가를 이루며 공생적 관계를 형성하고 있다고 설명한다. 따라서 어른을 공경하는 것은 내 부모를 공경하는 것과 마찬가지이고 아이를 사랑하는 것은 내 자식을 사랑하는 것과 마찬가지라는 도덕적 행위의 근거가 나오게 된다. 그러나 동시에 실제로는 남의 부모와 내 부모가 동일할 수 없고 남의 자식이 내 자식과 동일할 수 없는 까닭에 사랑의 강도에 있어서 현실적 차이가 없을 수는 없다. 이러한 논리는 묵자의 겸애兼愛와 양주의 위아爲我를 비판하고 공맹의 차별애를 정당화하는 근거가 된다. 동시에 공공성과 개별성의 조화 및 균형이 중요한 과제로 대두한다. 이런 관점에서 인仁을 굳이 정의하자면 '공공성과 개별성의 균형 위에서 이뤄지는 사랑의 표현'이라고 할 수 있다.

퇴계가 알아야 한다고 강조한 것은 바로 이러한 공공성과 개별성의 균형의 원리다. 그래야만 인에 대한 막연한 감정이 사라지고 구체적으로 인을 어떻게 실천할지를 알게 된다는 것이다. 그러나 그가 더욱 중요하게 여긴 것은 단순히 아는 것에서 나아가 자신이 주관이 되어야 한다는 점이었다. 그는 「서명」의 "나는 여기 미세한 존재로서 있다予玆藐焉"라는 부분을 설명하면서, 오히려 「서명」에 등장하는 열 개의 '나'라는 글자에 주목할 것을 강조했다.

이 글을 읽는 모든 이는 이 열 개의 '나'라는 글자에 대해 횡거 자신을 일컫는 것이라고 인식하지 말고 어떤 다른 사람이 '나'라고 말하는 것으로 사양하지도 말고, 모두가 마땅히 자임自任하여 자신의 일로 간주해야만 비로소 서명이 본래 인仁의 체體를 표현한 것임을 알게 될 것입니다. 그런데 반드시 자기를 주主로 하여 말한 것은 무슨 까닭입니까? (…) 이제 횡거도, 인이란 비록 천지만물과 더불어 일체가 되는 것이지만 반드시 먼저 자기가 근본이 되고 주재主宰가 되어 모름지기 만물과 내가 하나의 이치로 친밀하게 연관되어 있다는 의미와 가슴에 가득한 측은한 마음이 관철되고 유통되어서 막힘이 없고 두루 미치지 않는 데가 없는 이것이 인의 실체임을 깨달아야 한다고 했습니다. 만약 이 이치를 알지 못하고 무턱대고 천지만물이 일체인 것이 인이라고 한다면 이른바 '인의 체'가 한없이 넓고 멀게 되니, 내 심신心身과 무슨 상관이 있겠습니까?(『퇴계집』7권, 경연강의經筵講義,「서명고증강의」)

여기서 퇴계가 천지만물과의 관계에서 나에게 부여된 책임에 초점을 두고, '나'의 중요성을 강조했다는 점에 유의할 필요가 있다. 이는「서명」이 내세우는 우주적 차원의 공동체와 그 속에서 인이라고 하는 공동체 원리를 달성하기 위해서는 무엇보다 공동체적 관계에 대한 각성이 중요함을 말한 것이다. 그럴 수밖에 없는 것이, 공공성과 개별성 간의 조화와 균형은 객관적으로 검증되는 것이 아니기 때문에 주관에 빠지기 쉽다. 따라서 주체와 객체 어느 쪽에도 매몰되지 않도록 개인의 균형감각과 각성에 의존할 수밖에 없으며, 늘 깨어 있는 정신을 유지하지 않으면 안 된다. 이러한 문제점으로 인해 퇴계는 나의 일로 자임하고 내가 주재가 될 것을 강조한 것이다. 내가 주재가 될 때 비로소 인이 허구가 아닌 구체적 실체가 된다. 그가 마음의 문제에 집중하고 경敬의 실천을 최종적 해법으로 제시한 것도 이런 배경에서였다.

퇴계는 앎이란 단순히 사물에 대한 대상적 파악이 아니라 사물과의 관계 위에서 인仁을 실현하는 데 그 목적이 있음을 중시했다. 이것은 유학의 본래 정신이기도 한바, 퇴계는 이 점을 분명히 함으로써 올바른 인의 실현이 가능하다고 보았다. 인이란 유학적 입장에서 모든 행위와 가치 판단의 기준을 제시한 것이라 할 수 있다. 요즘 말로 정의正義라고나 할까? 따라서 전통사회에서 국가, 사회, 개인의 모든 행위에 적용될 수 있는 판단 기준이라고 할 수 있다.

공자에게 번지樊遲라는 제자가 "인이란 무엇입니까?"라고 물었을 때, 그가 "사람을 사랑하는 것愛人"이라고 대답했다는 사실은 널리 알려져 있다. 그러나 사람을 사랑하는 것은 지나치게 포괄적이어서 막연하다. 남을 사랑하는 행위가 인이라는 것은 누구나 이해할 수 있지만, 사랑의 표현을 어떤 방식으로 어디까지 확대해야 하는지는 판단하기 어렵기 때문이다. 그뿐만 아니라 『논어』에는 인에 대한 다양한 정의가 나와 있기 때문에 통일된 하나의 정의로 이해하기란 쉽지 않다. 그러다보니 인이 절실하지 않고 남의 얘기처럼 들리게 되는 것이다.

이런 문제점을 충분히 인식했던 퇴계는 이에 대한 해법을 제시하고자 했다. 먼저 우주만물 그리고 더불어 살아가는 공동체 구성원 간의 관계에 대해 명확히 알아야 한다고 언급했다. 또한 인간은 우주의 중심이 아니라 우주만물 가운데 미미한 하나의 존재로서 자신의 위치를 명확히 인식하

안다는 것에 대한 동양적 성찰

고, 자신에게 주어진 역할을 충실히 이행하는 것뿐이다. 자기가 근본이 되고 주재가 된다는 것은, 자신을 중시하라는 것이 아니라 공동체 구성원으로서의 소명을 자기 임무로 맡으라는 말이다. 이것이 바로 「서명고증강의」의 요지다.

인간과 우주만물과의 관계를 이렇게 설정할 때, 물격이란 대상화된 사물에 인간의 의식이 일방적으로 다가가는 것이 아니라 반대로 사물의 리가 인간에게 다가온다는 생각을 하게 된 것이 아닐까? 이는 인간이 주체, 사물은 객체와 같은 이분법적 구분이 아니라, 인간과 사물이 함께 소통과 화해의 주체가 된다고 하는 그야말로 우주 공동체론의 절정이라고 할 수 있다. 퇴계가 스스로 말하지는 않았지만, 리자도의 주장은 「서명고증강의」의 정신과 어긋나지 않는다.

그러나 「서명고증강의」에서 말하는 "만물과 내가 하나의 이치로 친밀하게 연관되어 있다는 의미"와 "가슴에 가득한 측은한 마음이 관철되고 유통되어서 막힘이 없고 두루 미치지 않는 데가 없는 이것이 인의 실체임"을 깨닫는 것은 저절로 이뤄지지 않는다. 이것이 사물에 대한 진지한 탐구와 더불어 미발의 심체를 함양하기 위한 끝없는 수양이 필요한 이유다. 퇴계의 철학사상 전체가 하나의 수양론의 형태를 띠고 있는 것은 앎에 대한 그의 입장이 획득이 아닌 소통과 화해를 목표로 하고 있었기 때문이다.

퇴계는 왕양명의 지행합일설을 비판하는 글에서 이렇게 말한다. "배우지 않으면 알지 못하고, 힘쓰지 않으면 능하지 못한다." 인간은 끊임없이 배우고 힘써 노력할 때, 겨우 진지眞知의 언저리에 다가갈 수 있다는 이 말은 앎에 대한 그의 철학을 적절하게 대변하고 있다.

7.
율곡, 앎은 현실 속으로 나아감이다

율곡栗谷 이이李珥(1536~1584)는 경기도 파주에 함께 살면서 평생의 도반이었던 우계牛溪 성혼成渾(1535~1598)에게 보낸 편지에서 앎의 세 가지 종류를 산에 비유하여 설명한 적이 있다.

빼어난 풍광을 자랑하는 산이 있다고 치자. 첫 번째는 그 산에 대해 책으로 읽어서 알고 있는 사람이나 남에게 들어서 알고 있는 사람의 경우다. 그들은 산의 아름다움을 전적으로 외부에 의존해서 알고 있다. 따라서 단지 남들이 말하는 대로 머릿속으로 짐작할 뿐이며, 그 말이 진실인지 거짓인지는 판단하지 못한다. 설사 남이 거짓을 이야기한다 해도 그대로 믿을 뿐이다. 두 번째는 그 산 아래에 가서 직접 산의 모습을 보고 아는 사람이다. 산의 모습을 멀리서나마 보고 소문의 내용이 실로 거짓이 아님을 직접 확인한 것이다. 다만 동쪽에서 본 사람은 산의 동쪽 면만 알고, 서쪽에서 본 사람은 산의 서쪽 면만 알게 되는 한계가 있다. 그러나 적어도 직접 그 산을 본 사람은 남들이 거짓을 말한다 해도 크게 현혹되지 않는다. 다만 세밀한 부분에 대해서 거짓을 말하면 속아 넘어갈 수도 있다.

마지막으로 세 번째는 산을 멀리서 보는 데 그치지 않고 옷소매를 걷어붙이고 직접 산의 정상에 오른 사람이다. 어떤 이는 중간에 멈추기도 했을 것이고, 동쪽 길로만 오른 사람이 있고 서쪽 길로만 오른 사람도 있을 터이기에 똑같이 산에 올랐다고 해서 다 같지는 않다. 가장 이상적인 것은 멀리서 산 전체를 조망한 뒤 여러 방향의 등산로를 두루 걸어보고 마지막으로 정상에 올라 산과 주변의 지리를 내려다보는 경우일 것이다. 이렇게 함으로써 산의 전반적인 모습과 구석구석에 숨어 있는 나무, 돌을 세밀하게 감상할 수 있기 때문이다.

율곡은 가장 높은 단계의 앎이란 책으로 읽고 마음으로 확신을 얻은 뒤 그 내용을 현실에 적용해보고 그 말이 진실로 옳다는 것을 직접 체험한 경우라고 했다. 이는 책에서 익힌 지식을 실제 현실에 적용하여 경험을 통해 그 진리성을 확인한 것으로, 그는 이러한 앎이야말로 진정한 앎, 즉 진지眞知라고 했다. 이처럼 율곡은 앎에 대한 세 가지 분류를 통해, 올바른 앎이란 현실 속에서 확인되어야 한다면서 진지와 현실의 관련성을 강조했다. 그는 당시 학계의 문제점에 대해 직접 확인하지 않고 그저 남의 말을 모방하여 흉내 내는 것이라고 했다. 이 말은 진정한 앎이란 무엇인가에 대한 율곡 자신의 생각을 밝힘과 동시에 은근히 퇴계를 비판한 내용이어서 눈길을 끈다.

율곡은 당대의 화두였던 격물·물격의 문제에 있어서도 입장을 제시했는데, 그 내용은 퇴계보다도 오히려 주자의 생각에 더 가까웠다. 먼저 격물에 대해서는 주자나 퇴계와 마찬가지로, 사람의 의식이 사물에 내포된 리에 도달함으로써 사물의 정보를 획득하는 것으로 해석했다. 이 문제는 조선 유학계가 전반적으로 주자의 학설을 수용했기 때문에 별다른 논란의 여지가 없었다. 그러나 물격을 해석함에 있어서는 퇴계와 입장을 완전히 달리했다. 물격은 글자 그대로 해석하면 '물(에 내포된 리)이 이르다'가 되어, 사물에 내포된 리가 이른다는 의미가 된다. 그러나 이런 해석은 마치 리에 운동성을 인정하는 것과 같은 결과가 되므로 조선 유학계에서 논란이 되었던 것이다.

퇴계는 내 마음이 사물에 이른다고 해석했다가 나중에 사물의 리가 내 마음에 와서 이르는 것으로 수정한 바 있다. 이에 반해 율곡은 이르기는 이르되 내 마음에 이르는 것이 아니라 격물이 남김없이 이뤄진 '상태'에 이른다는 의미로 보았다. 즉 물격은 격물이 완전히 이뤄져서 대상에 대한 앎이 극처에 이른 상태를 가리키는 것으로, 격은 대상에 도달함이 아니라 어떤 경지에 도달함을 의미한다고 한 것이다. 이렇게 되면 물격은 지지知至와 의미상 차이가 없어진다. 이에 대해 율곡은, 물격은 사물을 위주로 말한 것이고 지지는 사람을 위주로 말한 것으로, 두 가지 일이 아니라고 하여 양자가 실질적으로 같음을 인정했다.

율곡의 이러한 해석은 상당한 설득력을 지닌다. 그렇다면 왜 같은 말을 반복했을까? 특히 『대학』에서 "물격 이후에 지지한다物格而后知至"고 했는데, 지지는 물격이 먼저 이뤄진 이후에 이뤄진다는 말이다. 이러한 반론에 대해서 율곡은 자세한 해명을 제시하지 않았다. 사실 조선의 성리학자들이 물격에 대해 '물(에) 격(한)'으로 토를 붙일지, '물(이) 격(한)'으로 토를 붙일지를 두고 논란을 벌였던 것도 물격과 지지를 다른 내용으로 보았기 때

안다는 것에 대한 동양적 성찰

문이다. 이런 논란에도 불구하고 율곡이 물격을 지지와 마찬가지로 앎이 이뤄진 하나의 단계로 본 것은 무슨 까닭일까? 그 바탕에는 안다는 것에 대한 그의 철학이 깔려 있다.

율곡은 리기에 대한 주자의 기본 입장을 계승하되, 구체적인 존재자의 리는 철저히 기에 의해 한정된다는 이른바 리통기국理通氣局을 주장했다. 그에게 있어 리는 퇴계처럼 무한정한 보편성을 가지는 것이 아니라 구체적인 사물을 한정적으로 지배하는 개별적 원리였다. 가령 사람에 있어서도 본성은 철저히 그 사람을 구성하고 있는 형기가 '맑은지 탁한지, 순수한지 잡박한지淸濁粹駁'에 의해 영향을 받는 기질지성氣質之性이 있을 뿐이며 모든 사람에게 보편적인 본연지성이란 무의한 것이었다. 따라서 격물의 문제에 있어서도 그 대상은 구체적인 어떤 사물이 내포하고 있는 개별적 원리를 인식하는 것이고, 이렇게 하여 개별적 원리에 대한 격물이 누적되면 하나의 보편 원리에 대한 활연관통이 이뤄진다고 보았다.

그렇다면 활연관통을 이루기 위해서는 어떻게 해야 하는가? 율곡의 말대로라면, 사물에 내포된 개별적 리에 대한 격물을 최대한 많이 반복하는 수밖에 없다. 그리고 이를 위해서는 마음이 갖고 있는 지각능력을 최대한으로 발휘해야 한다. 그는 마음의 지각 작용을 오직 기의 운동 결과로 보았다. 그는 "대개 기는 응결하여 사물을 만들 수 있는 데 비해, 리는 정의도 없고 계탁도 없으며 조작도 없다"는 주자학의 원칙을 확고하게 받아들이고 앎의 문제에 있어서도 이 원칙을 준수하고자 했다. 그에게 있어 마음의 리는 스스로 발할 수 있는 것이 아니었고 또한 본연지성의 존재를 부정했기 때문에 리의 발현에 집착할 이유도 없었다. 그러므로 외부 사물에 대한 지각만이 앎에 이르는 유일한 길이 될 수밖에 없었다.

율곡은 마음에 대해 '리기의 합'이라고 말하기도 했고, 다만 '기'라고 말하기도 했다. 그런 까닭에 연구자들 사이에는 마음에 대한 율곡의 입장을 '리기의 합'으로 볼 것인지, 아니면 '기'로 볼 것인지를 둘러싸고 논란이 일기도 한다. 그가 마음을 '리기의 합'이라 한 경우는 마음의 존재론적 구조를 말한 것으로, 만물과 마찬가지로 마음도 '리기의 합'이라고 한 것이다. 이 경우 리는 지배적 원리로서 천리天理의 의미보다는 마음에 내재하는 기의 작용 원리 정도의 의미를 부여한 듯 보인다. 그의 리기론의 관점이 그대로 마음에 적용된 결과다.

반면 마음을 '기氣'라고 본 경우는, 마음을 작용의 관점에서 사물에 대한 지각의 주체로 본 결과다. 작용은 동작으로서, 동작을 하는 것은 오직 기이기 때문에 기가 작용의 주체라는 의미에서 마음을 다만 기라고 한 것이다. 이처럼 율곡이 마음을 어떻게 정의했는가의 문제와 관련하여 논란은 있지만, 일반적으로 그가 마음을 기로 정의했다고 보는 것은 외부 사물을 인식하는 지각능력에 대한 그의 특별한 관심에 주목했기 때문이다.

마음을 어떻게 정의하는가의 문제는 어떻게 하면 올바른 앎을 성취할 수 있을 것인가의 문제로 곧장 연결된다. 율곡은 본연지성에 대해 부정적이었기 때문에 의식이 발하기 이전의 단계에서 어떻게 함양할 것인가에 대한 문제의식은 거의 없었다. 올바른 앎을 위해서는 발한 이후 사물에 대한 지각을 성실하게 누적해가는 방법밖에 없었던 것이다.

이렇게 볼 때 앎의 성격이라는 측면에서 퇴계와 율곡은 상당히 비교되는 특징을 지니고 있다. 퇴계가 우주적 차원의 보편적 리를 앎의 과정을 통해 실현하고자 했다면, 율곡은 구체적인 사물을 대상으로 그 속에 내재하는 리에 대한 앎을 지향했다. 따라서 마음의 작용에 있어서도 퇴계는 발하기 이전의 성과 발하고 난 이후의 정을 아울러 관여하는 '통섭統攝'을 중시했다면, 율곡은 발한 이후의 대상에 대한 구체적인 '지각知覺'을 중시했던 것이다.

율곡은 지각을 크게 나누어 감각을 통한 지각과 사유를 통한 지각이 있다고 보았다. 감각적 지각이란 보고, 듣고, 느끼고, 냄새 맡는 등 우리 몸의 감각을 통한 지각을 말한다. 이것을 신기身氣를 통한 지각이라고 한다. 그리고 신기에 의해 받아들여진 정보들을 바탕으로 추리·판단하는 사유 과정이 있는데, 이것을 심기心氣를 통한 지각이라고 한다. 그는 신기에 의한 감각적 지각과 심기에 의한 사유적 지각을 모두 마음의 작용으로 보았다. 지각의 기초가 감각에 의한 정보를 바탕으로 형성된다고 한 부분은 주목할 만하다. 이 점은 율곡의 사상 체계가 경험의 기반 위에서 형성될 수 있는 근거가 되기 때문이다. 또 감각에 대한 재평가는 인간에 대해 새롭게 눈을 뜨는 계기가 되었으며, 주자학을 바탕으로 하면서도 퇴계학과는 또 다른 율곡학 탄생의 출발점이 되었다. 이처럼 앎의 문제는 철학의 일부가 아니라 어떠한 철학사상의 전반적인 성격과 방향을 결정짓는 출발점이 된다.

리통기국이라는 말 자체는, 리는 만물에 통용되는 성질이 있고 기는 개체에 국한되는 성질을 갖는다는 뜻이다. 그러나 하나의 사물을 가지고 말한다면, 그 속에 내재하는 리는 다른 사물과 동일한 리가 아니라 그 사물을 구성하고 있는 기의 성질에 영향받은 특수한 리인 것이다. 그리고 각각의 리는 특수성을 가지면서도 궁극적으로 하나의 보편적 리로 통합된다. 결국 율곡 철학에 있어서 사물의 리는 보편성과 특수성을 함께 갖는 것이지만, 주자학의 체계에서 보편성에 가려져 있던 리의 특수성이 상대적으로 부각된 것은 분명하다. 이 점에서 리통기국은 율곡의 독창적인 관점으로 평가되기도 한다.

율곡 철학에서 특수성이 부각된다는 것은 실제로 어떤 의미를 갖는가? 이는 사람이 살고 있는 현실세계에 대한 관심이라고 할 수 있다. 현실세계는 더 이상 무시해도 좋은 하찮은 세계가 아닌 것이다. 동시에 현실세계에서 이뤄지는 삶의 구체적인 모습들이 앎의 중요한 과제로 등장하게 된다. 현실에 대한 앎은 현실에 내재하는 부조리를 개혁하고 세상을 올바로 경영하고자 하는 개혁론 내지 경세론의 이론적 근거가 된다.

율곡은 지각이 신기와 심기의 작용에 의해 이뤄진다고 보았다. 그런데 이미 언급한 바와 같이 기에는 '맑은지 탁한지, 순수한지 잡박한지'의 질적 차이가 있으므로 지각의 결과도 사람마다 차이가 날 수밖에 없다. 그는 신기와 심기의 지각능력을 최대한으로 끌어올리기 위해서는 경敬과 성誠의 공부가 필요하다고 강조했다.

먼저 경에 대해서 율곡은 "경은 성학의 시작과 끝"이라고 했다. 그는 경을 실천함으로써 성性이 발하기 전에는 함양涵養하고 발하고 난 후에는 성찰省察하여 사욕이 지각의 과정에 개입하는 것을 막을 수 있다고 했다. 비록 본연지성의 존재는 부정했지만 경을 통해 사사로운 욕망이 신기와 심기의 작용에 개입하는 것을 막을 수 있기 때문이다. 즉 발하기 전에는 텅 빈 거울이나 평평한 저울처럼 균형 상태가 유지되며, 발하고 난 후에는 왜곡이나 과불급이 없는 지각이 가능해진다는 것이다. 따라서 이를 가능케 하는 경이야말로 성학의 시작과 끝이라고 강조했다.

그러나 율곡의 사상적 특징이 드러나는 부분은 역시 성에 대한 강조에 있다. 왜냐하면 경은 정주학에서 일반적으로 중시되는 요소이고, 율곡도 미발 자체를 부정하지는 않았기 때문에 경에 대한 강조는 일견 자연스러운 것이기 때문이다. 그러나 그는 기본적으로 앎을 지각의 소산으로 보았기에 상대적인 중점은 역시 발하고 난 후에 있었고, 여기서 중요하게 부각되는 것은 바로 성이었다. 그가 1575년(선조 8) 임금에게 바친 『성학집요』에 성실誠實장을 별도로 만들고 성의 중요성을 강조한 것도 이러한 이유에서였다. 그는 성이 없으면 올바른 앎은 불가능하며 기질의 변화도 불가능하다고 하여 거듭 성의 중요성을 강조하고 있다.

율곡은 진정한 앎이란 궁리에 그쳐서는 안 되고 반드시 현실 속에서 확인되어야 한다는 생각을 일관되게 견지했는데, 여기서도 성이 중요한 요소로 등장한다. 그는 "성이 없으면 사물도 없다"고 했다. 성이 없으면 왜 사물이 없을까? 지각의 대상은 사물에 내재하는 리인데, 성리학에서 말하는 사물에 내재하는 리는 사물의 존재 원리이자 사람에게는 도덕 원리가 된다. 즉 소이연所以然의 리이면서 소당연所當然의 리인 것이다. 그런데 이러한 리 개념은 사실상 성 없이는 성립할 수 없는 것이고 그렇기에 성이 없으면 사물도 없는 것이 된다. 이 점에서 율곡이 말하는 성이 감각에 기초한 경험적 지각을 가능케 하는 것이라고는 하지만, 역시 성리학적 틀 속에서 논의된 것으로서 그 한계가 있음을 알 수 있다.

율곡은 지각이 올바로 이뤄지려면 무엇보다 기질의 변화가 중요하다고 보았다. 지각을 신기, 심기의 작용으로 보았기에 올바른 지각을 위해서는 결국 기질을 맑고 순수하게 바꾸지 않으면 안 된다는 결론에 도달한다. 그런데 기질을 변화시키기 위해서는 성실이 중요하다. 탁한 기질을 맑은 기질로 바꾸기 위해서는 독서를 통해 시비를 판단하거나 인물의 됨됨이를 평론하고 역사적 득실을 논함으로써, 마음을 언제나 올바른 판단을 할 수 있는 상태로 유지할 필요가 있다. 율곡은 이 모든 것을 위해서 무엇보다 성誠에 힘쓸 것을 강조했다. 기질도 정성을 기울이지 않으면 변화될 수 없기 때문이다. 율곡이 성을 가장 중요한 실천 덕목으로 제시한 것은 바로 이러한 이유에서였다.

율곡은 선험적 진리인 본연지성의 실현을 추구하기보다는 사물에 대한 지각을 통한 구체적이고 현실적인 앎을 추구하고자 했다. 앎에 대한 이러한 입장은 현실 문제에 적극적으로 개입하고 참여해야 한다는 근거를 제공했고, 그에 있어서 올바른 앎이란 구체적 현실에 나아가 진리성을 확인하고 실현하는 것이었다.

2장

智

원전과 해설

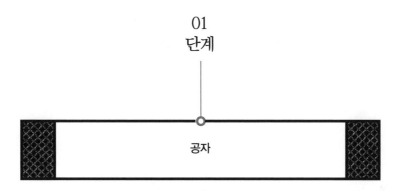

01
단계

공자

"불의가 도도히 넘쳐흐르는 것은 천하가 모두 이러하거늘 누가 이것을 바꾸겠다는 말인가? 그러니 그대도 사람을 피하는 선비를 따르기보다는 세상을 피하는 선비를 따르는 것이 어떻겠나?" 자로가 공자에게 가서 그의 말을 고하니, 공자가 탄식하며 말했다. "새와 짐승은 사람이 함께 어울려 살지 못하니, 내가 사람의 무리와 함께하지 않으면 누구와 함께하리오. 천하에 도가 있으면 내가 굳이 나서서 바꾸려고 하지 않을 것이다."

「미자微子」

유학의 사상적 특징을 잘 보여주는 장면이 있다. 바로 공자가 천하를 주유하다가 초나라의 은자인 장저長沮와 걸익桀溺을 만났을 때다. 제자 자로子路를 시켜 그들에게 나루터를 묻자 걸익은 제대로 쳐다보지도 않고 하던 일을 계속하면서 위와 같이 충고했다.

걸익의 충고는 모순과 혼란으로 가득 찬 인간 세상을 바꿔보겠다고 돌아다니는 일이 공연한 헛고생이라는 말이다. 폭군이니 소인이니 하면서 사람을 피해서 돌아다니지 말고 자신들과 함께 세상 자체를 피해 시골에서 농사나 지으며 마음 편히 사는 게 어떻겠냐는 뜻이다. 그러나 공자의 생각은 달랐다. 세상이 아무리 혼탁해도 사람은 역시 사람과 어울려 살면서 바람직한 세상을 만들기 위해 노력하는 수밖에 없다는 것이었다. 사람이 사람과 함께해야지 금수와 더불어 무리를 이룰 수는 없다는 생각은 유학이 도가나 불교사상과는 근본적으로 출발점이 다름을 보여준다. 도가와 불교가 인간 세상을 허위와 허무의 세계로 본다면, 유학은 사람이 하기에 따라서 도가 실현될 수 있는 곳으로 본다. 저잣거리에서도 진리가 실현될 수 있다는 것이다. 유학에서 최고 덕목인 인仁이 '사람 사이의 사랑人+二'을 의미하는 것도 그러한 이유에서다.

그럼에도 불구하고 생각이 다른 온갖 종류의 사람들이 이기적 본성에 따라 움직이는 현실에서 도를 실천하는 일은 결코 쉽지 않다. 좀도둑이나 사기꾼 같은 파렴치범들이 일으키는 범죄는 사소할 따름이며, 인류 역사에 끔찍한 피해를 일으킨 것들은 오히려 정의를 앞세운 국가나 집단에 의해 저질러진 범죄였다. 이러한 모순에 부대끼고 고민하던 선비들은 스스로 낙향 길을 택해 은자가 되기도 했다. 그렇지만 유학의 지향점은 어디까

안다는 것에 대한 동양적 성찰

지나 사람 사는 세상에 있었던 것이다.

【 논어 2 】 원문 2

공자께서 말하였다. "배우고 때로 익히니 또한 기쁘지 아니한
가?"

「학이學而」

유학은 지식과 학문을 중시하는 대표적인 사상이다. 고서, 고문서, 책
판 등 각종 기록 관련 유물들이 대개 유학자들에 의해 생산된 것은 바로
이런 학문의 성격과 무관하지 않다. 『논어』「학이」편의 구절이 이 점을 잘
보여준다.

앎은 배우고 익히는 과정을 통해 얻을 수 있다. 위의 문장은 그 배우고
익히는 과정이 즐겁다는 것으로, 유학과 앎의 관련성을 명쾌하게 보여준
다. 그러나 유학에 있어서 앎이란 단순히 즐기는 대상에 그치지 않는다.
그것은 바로 유학이 인간 세상 안에서 해법을 찾는 입세간入世間의 학문이
기 때문이다. 세상에는 언제나 수많은 문제가 잠복해 있다. 어떤 문제가 발
생했을 때 이를 해결하고 사람 사는 세상을 만들려면 일단 '알아야' 한다.
따라서 유학은 필연적으로 어떻게 하면 잘 알 수 있는가, 안다는 것은 과
연 무엇인가의 문제와 맞닥뜨리게 된다. 그런 면에서 유학의 역사는 앎의
방법과 그 결과의 타당성을 둘러싼 논쟁의 역사라고 해도 과언이 아니다.

계로가 귀신 섬기는 것에 대해 물었더니, 공자는 말했다. "사람
도 제대로 섬기지 못하는데, 어찌 귀신 섬길 줄을 알겠는가?"
다시 "감히 죽음에 대해 묻습니다" 했더니, 이렇게 말했다. "삶
에 대해서도 아직 모르는데, 어찌 죽음을 알리오."

「선진先進」

공자는 내세에 대해 언급하는 일이 거의 없었다. 또한 천명, 귀신 등 보
이지 않는 존재나 형이상학적 세계에 대해서도 언급을 피했다. 오로지 지
금 발 딛고 사는 현세를 중시했다. 그런 까닭에 제자들 가운데 이런 문제
에 관해 언급하는 사람이 있으면 공자는 몹시 불편해했다.

위의 대화는 현세를 중시하는 유학의 성격을 말할 때 가장 많이 인용되
는 구절이다. 지금 내 주변에 있는 사람들도 제대로 섬기지 못하고 세상을
올바로 살고 있는지조차 확신하지 못하는데, 어찌 있는지 없는지도 모르
는 귀신이나 사후세계에 대해 신경 쓸 겨를이 있겠는가? 따라서 공자의 지
식론에는 내세 혹은 신앙에 관한 이론이 없고 이른바 형이상학적 주장도
없다. 그의 관심은 오로지 사람이 현세를 올바로 살아가는 데 필요한 도
리, 즉 인도人道에 있었다. 그리고 인도가 실현된 사회를 대동세계大同世界
라 하여 가장 이상적인 사회로 규정했다.

공자가 말했다. "지자知者는 미혹되지 아니하고, 인자仁者는 근
심하지 않으며, 용자勇者는 두려워하지 않는다."

「자한子罕」

공자는 평소 제자들에게 지자知者에 관해 말하곤 했다. 이로써 유학이
교육과 지식을 중시하게 된 것은 공자에 의해 이미 그 방향이 정해져 있었
다고 할 수 있다. 한 구절 한 구절이 모두 찬탄을 자아낼 만큼 사람의 심리
를 꿰뚫어보는 혜안이 느껴진다. 그런데 공자가 지知에 관해 말할 때는 언
제나 한 가지 공통점이 있었다. 그것은 바로 지의 대상이 특정한 사물을
가리키기보다는 사람의 삶 전반을 대상으로 하고 있다는 점이다. 위의 구
절은 지에 대한 공자의 생각을 전형적으로 보여준다.

지자가 미혹되지 않는다고 한 것은 어떤 근거에서인가? 지자는 이미 사
람 사는 이치에 두루 밝기 때문에 자잘한 유혹이나 욕심에 의해 현혹되지
않는다는 것이다. 확실히 사람이 많은 지식을 갖고 있으면 쉽게 흔들리지
않는다. 공자는 한 가지에 정통하기보다는 살아가는 원리에 대해 전반적
으로 많이 알아서 자신의 주관을 확실히 정립할 때 사소한 것에 미혹되지
않는다고 보았다. 여기서 공자가 말한 앎은 특정한 사물을 대상으로 하지
않는다. 그것은 삶의 전반을 아는 것이고, 결국 사람을 아는 것이다. 폭넓
은 지식을 바탕으로 이를 내면적으로 성숙시켜 인격의 완성에 이르면, 공

자는 그 사람을 최고의 경지인 인자仁者라고 했다. 이 말은 인의 단계가 그저 어진 성품을 이르는 것이 아니며, 지식을 바탕으로 인격적으로 성숙된 단계라는 것을 의미한다.

【논어 5】 원문 5

> 번지가 인仁에 대해 물으니, 공자가 말했다. "사람을 사랑하는 것이다."
>
> 지知에 대해 물으니, 공자가 말했다. "사람을 아는 것이다." 번지가 그 의미를 깨닫지 못하자 공자가 말했다. "곧은 사람을 등용하여 굽은 사람 위에 두면, 굽은 사람을 곧게 할 수 있을 것이다."
>
> 「안연顔淵」

공자의 관심은 오로지 사람에 있었다. 따라서 그가 제창한 주요 덕목은 모두 사람과 관련된 것들이다. 사람의 구체적인 삶을 올바로 인도하는 것만을 가치 있는 것으로 여겼기 때문이다.

유학사상에서 인이 차지하는 비중은 매우 크고, 따라서 개념 정의도 구체적인 것에서 추상적이며 철학적인 것에 이르기까지 매우 다양하다. 그러나 정작 공자의 개념 정의는 놀라울 정도로 단순 명쾌하다. 인이란 어렵거나 복잡한 것이 아니라 단지 사람을 사랑하는 것이라고 했다. 사람에 대한 중시는 앎에 대한 정의에서 더욱 확실하게 드러난다. 그는 지知란 한마디로 사람을 아는 것이라고 단언했다. 사람에 대한 이해를 바탕으로 사람에 대한 사랑으로 나아가야 한다는 것이다. 이 말은 공자의 사상과 학문이 추구하는 바가 무엇인지를 포괄적으로 보여준다. 사람이 세상에서 올바로 살아가는 삶의 도리를 아는 것, 그것이 바로 공자 지식론의 목적이었다. 이러한 정신은 이후 유학사상의 발전과 전개에 있어 핵심적인 내용이 되었다.

【논어 6】 원문 6

> 번지가 지知에 대해 물으니, 공자가 말했다. "백성이 마땅히 해야 할 일에 힘쓰고 귀신을 공경하되 멀리하면, 안다고 할 수 있을 것이다."
>
> 「옹야雍也」

공자는 앎이란 삶의 전반을 아는 것이라 했고, 그것은 결국 사람을 아는 것이라 했다. 삶의 전반에 대해 안다는 것은 온갖 세상 잡사를 많이 아는 것을 말하는가? 그렇지는 않다. 공자는 삶의 전반에 대해서 알아야 한다고 했지만 그것은 단순히 많은 정보를 모으는 데 목적이 있지 않았다. 앎의 진정한 목적은 실천을 위한 행위 기준을 확립하는 데 있었다.

즉 안다는 것은 다방면의 지식을 쌓되 그것을 바탕으로 사람이 마땅히 해야 할 일과 해서는 안 되는 일을 구분할 줄 아는 눈을 갖는 것이었다. 사람이 마땅히 해야 할 일을 안다는 것은 어떻게 생각하면 간단한 일처럼 보일 수도 있지만 사실은 생각처럼 쉬운 일이 아니다. 사람이 생각해낸 온갖 학문과 종교도 따지고 보면 사람이 마땅히 해야 할 일이 무엇인지를 밝히기 위한 것으로 볼 수 있다. 또한 세상의 모든 분란과 논쟁이 생겨나는 원인도, 사람이 마땅히 해야 할 일이 무엇인지에 대한 견해 차이에서 생겨난다고 볼 수 있을 것이다. 그렇기 때문에 사람을 안다는 것은 궁극적으로 세상의 모든 것을 알아야 가능한 일인지도 모른다. 이렇게 볼 때 사람은 제대로 알기 위해서 끊임없이 공부하지 않으면 안 된다.

그러나 귀신만큼은 멀리하라고 했다. 그 이유는 무엇보다 그 실체를 완벽하게 파악할 수 없기 때문일 것이다. 잘 알지도 못하는 대상에 매달리다가 그 속에서 헤어나지 못하게 되면 곤란하다. 귀신을 공경하되 멀리하는 것은 근본적으로 귀신의 존재 자체를 부정하지는 않는다는 입장이기도 하다. 당시의 과학적 상식으로는 귀신의 존재에 대해 긍정도 부정도 할 수 없었을 것이다. 그렇지만 사람을 해칠 수 있을 정도의 위력을 지닌 존재이기 때문에 공경하되 멀리하라고 할 수밖에 없었다. 어쩌면 공경하되 멀리하라는 것은 당시로서는 상당히 합리적인 자세였다고 할 수 있다.

안다는 것에 대한 동양적 성찰

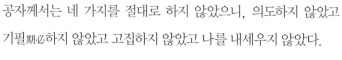

공자께서는 네 가지를 절대로 하지 않았으니, 의도하지 않았고
기필期必하지 않았고 고집하지 않았고 나를 내세우지 않았다.

「자한」

　　우리가 올바른 앎에 도달하려면 자신을 절제하고 대상에 냉철하게 접
근할 필요가 있다. 더욱이 공자가 알고자 했던 것이 바로 사람이 살아가는
원리, 즉 인도人道였다는 점을 통해 볼 때, 앎의 주체가 어떤 자세로 임하는
가 하는 문제는 앎의 결과에 직결된다고 할 수 있다. 이러한 점에서 공자는
네 가지를 금지했다. 이 네 가지는 삶의 전반에 적용될 수 있지만 특히 앎
에 있어서 중요한 의미를 갖는다.

　　첫째, 미리 의도하지 않았다. 사람이 어떤 상황에서 미리 의도를 가지고
접근한다면 올바른 판단을 내리기 어렵다. 남의 의견을 공정하게 수용하
지도 않을 것이고 자신의 생각에 맞춰 짐작하기 마련이다. 의도하지 않는
다는 말은 선입견을 갖지 않는다는 말과 통한다. 선입견을 갖고 올바른 판
단을 한다는 것은 처음부터 불가능한 일이다. 둘째, 기필하지 않았다. 기
필한다는 것은 틀림없이 어떻게 하겠노라고 다짐하는 것이다. 기필은 자
신의 의도를 극대화하는 것이기 때문에 올바른 앎을 위해서는 가장 멀리
해야 할 태도다. 기필이 지나치면 집착이 될 수 있다. 셋째, 고집하지 않았
다. 사람이 살아가는 환경은 변화하기 마련이다. 아무리 권위 있는 전문가

의 견해라 해도 시간이 지나면 정당성을 잃게 된다. 또 사람의 생각은 관성이 있어서 한번 정해지면 유지하려는 속성이 있다. 따라서 사상이나 학문도 시대에 맞게 혁신하지 않으면 사회 발전의 걸림돌이 될 뿐이다. 넷째, 나를 내세우지 않았다. 나를 주장하고 내세우는 것은 무례할 뿐만 아니라 자신의 무지를 깨닫지 못하는 어린아이 같은 것이다. 공자는 세 사람이 길을 가면 그 가운데는 반드시 나의 스승이 있다고 했고, 소크라테스는 '무지無知의 지知'라고 하여 자신의 무지함을 아는 데서 진정한 앎이 시작된다고 했다. 자신을 내세우는 사람은 객관적으로 진정한 앎을 성취할 가능성이 애초에 없다고까지 할 수 있다.

【논어 8】 원문 8

> "유야! 내가 너에게 안다는 것에 대해 가르쳐주겠다. 아는 것을 안다고 하고 모르는 것은 모른다고 하는 것, 이것이 바로 진정으로 아는 것이다."
>
> 「위정爲政」

공자는 자신이 추구하는 앎이란 요원하고 추상적인 것이 아니라 현실에 발을 딛고 사는 사람의 도리라고 했다. 말 자체는 대강 이해가 되는데 과연 이러한 종류의 앎은 구체적으로 어떤 형태로 나타날까? 『논어』「위정」편에는 공자가 제자인 자로에게 '안다는 것'에 대해 말한 구절이 나오

안다는 것에 대한 동양적 성찰

는데, 그것이 바로 위의 예문이다. 자로의 이름은 유由다.

이 구절은 그야말로 앎의 실천에 관한 결정판이다. 이 말을 통해 공자가 말한 진정한 앎이 복잡한 것도 아니고 난해한 것도 아님을 알 수 있다. 매우 단순하고 분명하다. 그러나 사람이 이러한 앎을 실천하는 일은 말처럼 쉽지 않다. 사람에게는 자신을 과장되게 드러내 보이고자 하는 위선과 욕망이 있기 때문이다. 사실 진정한 앎은 굳이 드러내지 않아도 내면에서 성숙되어 저절로 드러나기 마련이다. 그런데도 조바심이 앞서서 그것을 참지 못하고 미숙한 지식을 드러내는 것이다. 그러한 위선과 욕망을 극복하고 올바른 앎을 실천하기까지의 과정은 결코 쉽지 않다. 그렇기 때문에 유학에서의 앎의 문제는 단순한 지식론이 아니라 반드시 수양론과 연계되어 있으며, 이는 끊임없이 스스로를 수양하는 과정 속에서 올바른 앎이 형성되기 때문이다.

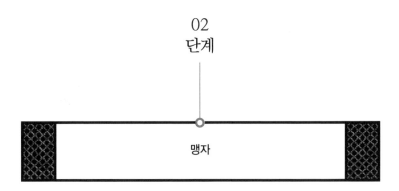

02 단계

맹자

【 맹자 1 】 원문 9

이른바 사람이 모두 차마 하지 못하는 사람의 마음을 갖고 있다는 것, 지금 사람이 어린아이가 우물에 빠지려고 하는 것을 보는 경우 누구나 두렵고 측은한 마음이 드는 것은 아이의 부모와 교제하기 위해서도 아니고 고향 사람들과 친구들 사이에서 명예를 얻기 위해서도 아니며 소문날까 두려워서 그런 것도 아니다. 이로 미루어보건대, 측은해하는 마음이 없으면 사람이 아니고 부끄러워하는 마음이 없으면 사람이 아니며 사양하는 마음이 없으면 사람이 아니고 옳고 그름을 분간하는 마음이 없으면 사람이 아니다. 측은해하는 마음은 인仁의 단서이고, 부끄러워하는 마음은 의義의 단서이며, 사양하는 마음은 예禮의 단서이고, 옳고 그름을 분간하는 마음은 지智의 단서다. 사람에게 이 네 가지

단서가 있는 것은 마치 사람에게 사지가 있는 것과 같다. 사단을 갖고 있으면서 스스로 할 수 없다고 말하는 사람은 스스로를 망치는 사람이요, 자기가 모시는 임금이 할 수 없다고 말하는 사람은 임금을 망치는 사람이다.

「공손추公孫丑 상」

위 이야기는 이른바 성선설, 즉 사람의 본성이 선하다는 주장의 근거가 되는 유명한 예화다. 유자입정孺子入井이라 하여 어린아이가 우물에 빠지려고 하는 상황을 보여주는 이 이야기를 통해 맹자는 성선을 증명하고자 했다. 그는 이런 상황이 되면 사람이라면 누구나 깜짝 놀라면서 자신도 모르게 두려운 마음이 들 것이라 하고, 이러한 마음을 가리켜 측은지심이라 했다. 정상적인 사람이라면 누구에게나 나타나는 현상이라는 점에서, 그는 측은지심을 사람이 태어나면서부터 지니는 보편적 본성으로 규정했다. 나아가 자신의 과오를 부끄러워하는 수오지심, 남을 위해 양보하는 사양지심, 옳고 그름을 분간하는 시비지심도 마찬가지로 인간이 선천적으로 갖고 있는 본성이라 했다.

맹자는 측은지심, 수오지심, 사양지심, 시비지심을 사단, 즉 네 가지 단서라고 했다. 단서라는 말은 본체가 따로 있다는 뜻인데, 그렇다면 사단의 본체는 무엇인가? 그것은 바로 인의예지다. 따라서 엄격히 말하자면 인간의 본성은 인의예지이고, 사단은 네 가지 본성이 인간 내면에 보편적으로 존재함을 보여주는 단서가 되는 것이다. 따라서 그는 앞의 본성이라고 할 수 있는 지智도 선천적으로 갖고 있다고 보았다. 그는 사람이라면 누구나 지의 본성을 가지고 있으며, 그것을 잘 지키고 보존하기만 하면 시비를 분별할 수 있다고 했다. 다만 그가 말한 시비지심은 앎의 내용이 말 그대로 도덕적으로 옳고 그름에 한정되는 성격이 강하다. 따라서 가치 판단이 개입하지 않는 객관적 앎에 관한 관심은 상대적으로 적었다고 할 수 있다. 맹자는 일관된 생산(항산恒産)이 있는 사람만이 일관된 사고(항심恒心)를 할 수 있다고 한 바 있다. 이렇듯 실물에 대한 적극적 인식을 갖고 있는 사상가였음에도 객관적 앎에 대한 관심이 적었다는 것은 이해하기 어렵다. 인의예지의 본성을 함양하여 측은·수오·사양·시비의 마음만 잘 실천하면 이상적인 사회 건설이 가능하다고 보았기 때문이 아닌가 생각된다. 어쨌든 맹자에서는 본성으로서의 지智가 강조되었고 객관적인 앎으로서의 지知에 관한 언급은 별로 보이지 않는다.

【 맹자 2 】 원문 10

맹자가 말했다. "사람이 배우지 않고도 능히 할 수 있는 것은 양능良能이고, 깊이 생각하지 않아도 아는 것은 양지良知다. 어린아이도 누구나 그 부모를 친애할 줄 알고 장성해서는 누구나 형을 공경할 줄 안다. 부모를 친애하는 것은 인仁이고, 부형을 공경하는 것은 의義다. 그것은 다른 까닭이 아니라 천하에 다 통하기 때문이다."

「진심장구盡心章句 상」

맹자는 유학의 역사에서 중요하게 평가되는 몇 가지 이론을 제시했다. 이 이론들은 추후 유학의 진로와 내용에 큰 영향을 끼치게 된다. 그 가운데 하나가 바로 양능과 양지 개념이다. 양良이란 말은 글자 그대로 잘한다는 말인데, 선천적으로 갖춰져 있으므로 모든 사람이 잘한다는 의미를 담고 있다. 다른 곳에서는 뭉뚱그려서 양심良心으로 표현하기도 했다. 이는 모두가 선천적으로 갖춰져 있다는 의미를 담고 있는 것으로 자신의 성선설을 다른 각도에서 설명한 것이라고 볼 수 있다.

사람이 선천적으로 잘한다는 것은 그것이 본성이기 때문이라는 게 맹자의 생각이었다. 이렇게 볼 때 어려서 부모를 친애하고 자라서 형을 공경하는 것은 가르치지 않아도 누구나 하는 것이며, 그렇게 하는 게 옳은 일이라는 것 역시 특별히 연구하지 않아도 사람이라면 다 안다. 사람의 본성이기 때문이다. 또 천하 사람들이 모두 그러하므로 이것을 인과 의로 규정해도 무방하다고 했다. 맹자가 언급하진 않았지만, 예와 지도 마찬가지로 사람의 본성으로서 배우지 않아도 할 수 있고 깊이 생각하지 않아도 알 수 있는 것임은 당연하다. 인의예지가 모두 양능이며 양지다.

과연 인의예지가 사람의 본성인가, 아니면 훈육의 결과인가? 이는 서양 철학에서 관념론과 경험론의 대립과 비교될 수 있는 대목이며, 맹자와 순자가 갈라지는 지점이다. 맹자는 인의예지가 사람의 본성이라고 하여, 공자의 사람에 대한 신뢰의 근거를 심성 속에서 찾으려고 했던 것이다. 이러한 시도는 결과적으로 성공했고 맹자의 성선설은 유학의 기본적인 입장으로 수용되었다.

맹자가 말했다. "우산牛山의 나무들이 일찍이 아름다웠으나 그
산이 대국의 교외에 있었던 까닭에 도끼에 찍혀댔으니 어찌 아
름다움을 유지할 수 있었겠는가? 밤낮으로 자라고 비와 이슬에
젖으면서 끊임없이 싹이 났지만, 소와 양이 잇따라 와서 뜯어 먹
으니 이런 까닭에 저처럼 민둥산이 되었다. 사람들이 그 민둥산
을 보고 본래 나무가 없었다고 여기지만, 이것이 어찌 그 산의 본
래 모습이겠는가? 비록 사람에게 있던 것이지만, 어찌 인의의
마음이 없었겠는가? 그가 양심을 놓아버린 까닭이 마치 도끼로
나무에 한 것과 같아서 날마다 찍어대니 어찌 아름다울 수 있겠
는가? 밤낮으로 자라고 아침의 기운으로 인하여 그 좋아하고 싫
어하는 바가 남들과 같은 것이 많지는 않았지만, 낮 동안의 행위
가 그마저 짓눌러 없애버린 것이다. 짓누르기를 반복하니 밤의
기운이 남아 있을 수 없고 밤의 기운이 남아 있지 못하니 금수와
다를 바가 없다. 사람이 그 금수 같은 모습을 보고 본래 재주가
없었다고 여기지만, 이것이 어찌 사람의 본래 정이겠는가?"

「고자告子 상」

중국 제나라 교외에는 우산이라는 산이 있었다. 그 산은 민둥산이었다.
그러나 우산이 본래부터 민둥산이었던 건 아니다. 본래는 나무와 풀이 우

거진 아름다운 산이었다. 그런데 큰 나라의 근방에 위치하다보니 많은 사람이 우산에 와서 나무를 해갔다. 큰 나무들은 베어지고 도끼에 찍혀 넘어졌다. 나무꾼이 가고 나면 이번에는 목동들이 소와 양을 몰고 와서 꼴을 먹이는 것이었다. 소와 양은 우산의 풀을 남김없이 먹어버렸다. 그 결과 우산은 민둥산이 되고 말았다. 사람들은 민둥산이 된 우산을 보고, 이 산은 본래부터 민둥산이었다고 생각했지만 그것은 사실이 아니었다. 맹자는 우산의 사정이 사람과 꼭 같다고 보았다.

　사람은 누구나 선한 본성을 가지고 있다. 그런데 삶 속에 부대끼면서 혹은 개인적인 욕심을 이기지 못해서 결국 이기심과 탐욕으로 가득 찬 현재의 모습이 된 것이다. 그렇지만 이는 사람의 참다운 모습이 아니다. 마치 민둥산이 된 우산의 모습이 수목이 우거진 본래 모습이 아닌 것과 같다. 맹자는 무분별한 벌목을 멈추고 수목을 가꾸면 아름다운 우산 본연의 모습을 회복할 수 있듯이, 사람이 욕심과 나태를 극복하면 본래의 선한 본성을 회복할 수 있다고 믿었다. 그리고 본래의 선한 모습은 바로 인의예지를 갖춘 온전한 인격체로서의 사람의 모습이다.

맹자가 말했다. "자포自暴한 사람과는 더불어 대화를 할 수 없고, 자기自棄한 사람과는 더불어 일을 할 수 없다. 말이 예의에 맞지 않는 것을 일러 자포라 하고, 나는 인仁에 머무를 수 없고 의義에 따라 살 수 없다고 말하는 것을 일러 자기라 한다."

「이루離婁 상」

맹자는 끝까지 사람에 대한 신뢰를 포기하지 않았던 사상가다. 이를 상징적으로 표현하는 것이 바로 자포자기라는 말로서, 요즘 사람들도 일상적으로 쓰는 말이다. 바로 이 말이 『맹자』에 등장하는데, 여기서는 일상적 용어가 아닌 심오한 의미를 담고 있으며 맹자의 철학사상에 바탕을 두고 있다.

말에 예의가 없는 것을 가리켜 자포, 즉 스스로를 포기한 것이라 했다. 말에 예의가 없다는 것이 이토록 심각한 문제였던가? 그 정도는 많은 사람이 일반적으로 범할 수 있는 단순한 실수가 아닌가? 그러나 맹자의 생각은 달랐다. 인생을 진지하게 생각하는 사람은 말을 함부로 하지 않는다. 따라서 말에 예의가 없는 것은 곧 자기 인생에 대해 진지하게 접근하지 않음을 뜻한다. 나아가 자기 스스로 인과 의에 따라 살지 못하겠노라고 하는 사람은 인생을 포기한 것이나 다름없다고 맹자는 생각했다.

인생을 포기한 사람과 함께 어떤 일을 도모했다가는 실패할 가능성이 큰 것은 너무나 당연하다. 그리고 자포자기의 징후는 대단한 데서 나타나는 게 아니라 일상적인 언어생활을 통해 충분히 발견할 수 있다고 보았다. 현대인들의 생활상에 비추어볼 때, 맹자의 생각은 지나치게 이상적이어서 현실감이 떨어진다고 여길 수도 있을 것이다. 세상의 출세한 인사들 가운데 인에 머무르고 의에 따라 사는 사람은 그리 많지 않아 보인다. 오히려 치열한 경쟁에서 수단과 방법을 가리지 않고 승리한 사람이 출세하는 세상이다. 그렇다면 맹자의 생각은 세상물정 모르는 이상론에 불과한 걸까? 그렇지 않다. 그의 주장은 크게 보면 당연한 듯 받아들여지는 잘못된 관행이 옳지 않음을 말해주는 현대사회에 대한 엄중한 경고다. 모든 일은 정

안다는 것에 대한 동양적 성찰

도를 따를 때 영속성을 가지고 발전하게 된다. 엄격히 말하면 현대에도 성숙한 선진사회는 법과 원칙이 지배하는 정도가 후진사회에 비해 평균적으로 높은 것이 사실이다. 맹자의 주장은 도덕률에 대한 지나친 강요라기보다는 사람에 대한 신뢰의 중요성을 드러낸 것이고, 사람에 대한 그의 신뢰는 결국 성선설로 발전했다고 볼 수 있다.

【맹자 5】 원문 13

맹자가 말했다. "인仁은 사람의 마음이고 의義는 사람의 길이다. 그 길을 버리고 좇지 아니하며 그 마음을 놓치고 찾을 줄 모르니 슬프다! 사람이 닭이나 개를 잃으면 찾을 줄 아는데, 마음을 놓쳤는데도 찾을 줄을 모른다. 학문의 도리는 다른 것이 아니라 그 놓쳐버린 마음을 찾는 것일 뿐이다."

「고자 상」

앎의 문제는 필연적으로 학문활동과 깊이 관련될 수밖에 없다. 학문이라는 것이 따지고 보면 앎을 효과적으로 달성하기 위한 활동이기 때문이다. 맹자는 학문이 무엇인가에 대해서 명확한 견해를 제시했다. 즉 놓쳐버린 마음을 되찾는 것이 바로 학문이라는 것이다. 학문에 관한 수많은 정의 가운데 놓쳐버린 마음을 되찾는 것이라는 맹자의 정의는 성선설의 당연한 귀결이라 할 수 있다.

인과 의가 사람의 길이라면 그것을 따르는 것은 당연한 도리다. 그런데 인과 의는 밖에서 구할 수 있는 것이 아니라 바로 마음속에 있는 것이다. 그렇다면 인과 의를 따르기 위해서는 우선 마음속에 있는 인과 의를 잘 보존하고 지켜야 하며, 만약 그것을 놓쳐버렸다면 찾아 나서는 것이 당연하다. 하지만 개나 닭과 같이 눈에 보이는 재물이 없어지면 놀라서 찾아 나서면서도, 그보다 훨씬 더 중요한 마음을 잃어버렸을 때는 그것이 없어진 줄도 모르고 찾으려고 하지 않는 것이 보통이다.

이는 우선 인과 의가 자기 내면에 존재한다는 것을 모르기 때문이다. 맹자 당시에도 도덕적 기준이라 할 수 있는 의義가 마음 밖에 존재한다는 주장을 하는 사상가가 있었다. 고자告子가 대표적인데, 그는 사회적 행위의 옳고 그름, 즉 의에 대한 판단 기준이 사람의 내면에 있는 것이 아니라 외부 환경에 달려 있다고 주장했다. 맹자는 이에 반대하고 의의 기준이 사람의 내면에 있다고 하여 행위의 동기를 중시했다. 그뿐만 아니라 놓친 마음을 찾을 줄 모르는 것은, 무엇이 더 중요하고 덜 중요한지를 판단하지 못했기 때문이라고 했다. 개나 닭과 같은 것은 중요한 줄 알면서도 마음을 다잡는 일이 올바른 삶을 영위하는 데 있어 얼마나 중요한지를 모르는 것이 눈앞의 이익만 추구하는 보통 사람의 모습이다. 물론 물질 없이는 살아갈 수 없다는 점에서 가축은 중요하다. 그러나 사람이 짐승과 다른 점은 물질을 초월하고 정신적 가치를 추구한다는 데서 찾을 수밖에 없다. 맹자는 물질적 이익만을 추구하는 세태를 개탄하고 사람으로 하여금 진정으로 중요한 것을 찾도록 하는 것이 바로 학문의 역할임을 주장했다.

"감히 묻건대, 선생님께서는 어떤 점에 뛰어나십니까?" 말하기를, "나는 남의 말을 잘 들을 줄 안다. 그리고 나는 호연지기를 잘 배양한다" 하였다. "감히 묻건대, 무엇을 호연지기라 합니까?" 말하기를, "말로 설명하기는 어렵다. 그 기氣의 이뤄짐이 지극히 크고 지극히 강하여 올바로 기르고 상하게 하지만 않는다면 천지간을 꽉 채울 것이다. 그 기가 이뤄짐에 있어서 의義 및 도道와 짝을 이루는 것으로 만약 이것이 없으면 위축되고 만다. 이 기운은 의를 쌓음으로써 생겨나는 것이지 의와 우연히 결합된 것이 아니다. 행함에 있어 마음에 떳떳하지 않으면 이 기운은 위축된다" 하였다.

「공손추 상」

널리 알려진 표현 가운데 호연지기라는 말이 있다. 호연浩然은 넓고 크다는 말로, 한마디로 호연지기는 넓고 큰 기운이라는 의미로 해석할 수 있다. 형태적 술어로 이루어져 있다보니, 흔히 심신을 단련하고 호연지기를 기른다고 하여 마치 신체적 단련을 통해 키울 수 있는 호방함이나 담력을 의미하는 말처럼 생각하곤 한다. 하지만 이 말은 맹자 사상에 있어 매우 철학적인 의미를 지니며, 사실 신체적인 상태보다는 심적 상태를 가리키는 말로 사용된다. 즉 도덕적으로 거리낌이 없고 스스로 떳떳할 때 갖게 되는 당당한 기운이라는 뜻에 가깝다.

맹자는 호연지기가 천지간을 채울 만큼 넓고 크지만 내면의 의와 도에 의해 뒷받침되지 않으면 위축되어버리고 만다고 했다. 즉 신체적 단련에 앞서 마음속에 의와 도를 꾸준히 축적함으로써 호연지기가 생겨난다는 것이다. 물론 호연지기가 형성되면 그것이 밖으로 발현되어 신체적 강건함과 불굴의 용기로 나타날 수도 있다. 그리고 이 강건함과 용기는 역으로 내면의 당당함을 제고하는 데 기여할 수도 있을 것이다. 그러나 호연지기 자체는 내면적으로 거리낌이 없고 당당한 기운을 의미한다는 점을 이해할 필요가 있다.

그렇다면 호연지기를 기르기 위해서는 어떻게 해야 할까? 사람들은 흔히 호연지기를 기르고자 등산 같은 운동을 한다고들 말한다. 그러나 맹자는 먼저 욕심을 단속하고 선한 본성을 지켜서 의와 도가 내면에 축적되도록 하는 것이 중요하다고 했다. 이는 어디까지나 내면의 자신감과 도덕적 떳떳함이 호연지기의 바탕이 된다는 말이며, 이외에도 신체적 단련이나 일상에서의 실천적 행위 역시 도움을 줄 수 있을 것이다. 후대 성리학에서 일상적 실천을 강조했던 것과 같은 맥락이다. 주자는 일상적 실천을 통해 미발의 심성을 함양할 수 있다고 하여 『소학』을 중시했는데, 의미는 다르지만 신체적 단련과 실천적 행위가 마음의 상태를 건전하게 한다고 본 것이다.

【 맹자 7 】 원문 15

"무엇을 남의 말을 잘 들을 줄 안다고 합니까?" 말하기를, "편벽

안다는 것에 대한 동양적 성찰

된 말誠辭은 그 가려진 바를 알고, 방탕한 말淫辭은 그 속이는 바를 알고, 사특한 말邪辭은 그 어긋난 바를 알고, 피하는 말遁辭은 그 곤궁한 바를 안다. 마음에서 생기면 그 피해는 정치에 미치고, 정치에서 생기면 그 피해는 일에 미친다. 성인께서 다시 태어나도 반드시 나의 말을 좇으리라" 하였다.

「공손추 상」

맹자는 마음 밖에 존재하는 사물에 대한 앎에는 전혀 관심을 두지 않았는가? 그가 선한 본성의 실현에 목표를 두었기 때문에 이런 물음이 제기될 수 있다. 이 문제와 관련하여 주목을 끄는 것이 바로 남의 말을 잘 알아듣는 것, 즉 지언知言에 관한 맹자의 언급이다. 그는 남이 말할 때 그것을 듣고 그 속에 있는 문제점을 가려낼 줄 아는 것도 중요하다고 했다.

남의 말속에 있는 가려진 바, 속이는 바, 어긋난 바, 곤궁한 바와 같은 문제점을 올바로 골라내는 것이 바로 남의 말을 잘 알아듣는 것이라는 주장이다. 사물에 대한 대상적 인식과는 성격을 약간 달리하지만, 넓은 의미에서 보면 이러한 문제점 파악도 사물에 대한 인식이라고 할 수 있다. 문제점을 놓치면 정치와 백성의 삶에 직접 영향을 미치게 되므로 매우 현실적인 사안이기도 하다.

그런데 자세히 보면 맹자가 이러한 앎 자체에 목적을 두지는 않았음을 알 수 있다. 남의 말을 듣고 문제점을 판단하는 일은 그 자체가 목적이라기보다는 이로써 내면의 의와 도를 함양하는 데 도움이 된다고 본 것이다. 당연히 독서를 통한 지적 수련도 도움이 될 것이다. 따라서 외부 사물에 대한 인식은 목적이 아닌 수단으로서 의미가 있으며, 궁극적으로 이런 과정을 통해 내면을 함양함으로써 호연지기로 충만한 군자가 된다고 보았다. 맹자는 남의 말을 듣고 올바로 판단하는 일과 호연지기를 기르는 일에는 자신이 남보다 능하다고 했다.

안다는 것에 대한 동양적 성찰

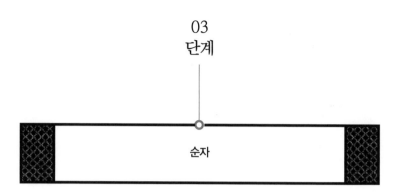

03
단계

순자

모든 사람에게 한결같은 바가 있으니, 배가 고프면 먹고 싶어하고, 추우면 따뜻하게 하고 싶어하고, 피곤하면 쉬고 싶어하고, 이익을 좋아하고 손해를 싫어한다. 이 점은 사람이 태어나면서부터 가지고 있는 것이고, 후천적인 영향 없이 그러한 것이며, 우 임금이나 걸 임금이나 다 같은 점이다.

「영욕榮辱」

　　모든 사람에게 한결같이 나타나는 공통된 본성은 무엇인가? 이는 학문적으로 인간을 정의할 때 반드시 던지는 물음이다. 그뿐만 아니라 국가와 사회를 설계하거나 정책을 입안하는 사람에게도 가장 고민스러운 문제다.

국가와 사회를 어떻게 이끌어나갈 것인가는 결국 사람을 어떻게 다스리는 가에 달려 있기 때문이다. 순자는 이에 대해 추상적으로 접근하지 않고 생활 경험에서 직접 답을 찾고자 했다. 그가 관찰한 뒤 내린 결론은, 맹자가 주장한 것처럼 남의 불행을 차마 보지 못하는 선한 본성을 가진 존재가 결코 아니었다. 오히려 반대로 남의 불행보다는 자신의 편안함과 안일을 먼저 생각하는 이기적 존재가 바로 사람이었다.

순자는 교육이나 경험과 같은 후천적인 요소를 완전히 배제한 상황을 가정하면, 이익을 좋아하고 손해 보는 것을 싫어하는 이기적 본성은 모든 보통 사람이 가지고 있는 공통된 속성이라고 보았다. 이 점은 심지어 우왕과 같은 성왕에게도 다를 바 없다고 했다. 그런데 순자가 예로 든 특징들이 사람들이 가지고 있는 일반적인 속성이라 하더라도, 과연 이를 도덕적 악으로 규정할 수 있을까? 다시 말해 배고프면 먹고 싶고 피곤하면 쉬고 싶은 것 등은 자연스러운 현상인데, 이것을 악으로 규정하는 것이 타당한가라는 문제다. 이 점에 대해서는 논란이 있을 수 있다. 어쨌든 순자는 이러한 근거를 들어 사람의 본성을 악으로 규정했고 이른바 성악설의 출발점이 되었다.

맹자가 어린아이가 우물에 빠지려 하는 상황을 가정하고 그러한 경험의 결과를 바탕으로 성선의 결론을 내린 데 반해, 순자는 사람의 다른 측면을 봤다. 과연 어느 쪽의 속성이 사람의 행동에 더 강한 영향을 끼칠까? 어느 한쪽을 전면적으로 긍정하고 다른 쪽을 완전히 부정하기는 어렵다. 이는 사람을 어떤 각도에서 보는가, 즉 인간관의 문제이기 때문이다. 순자는 사람을 이기적이고 악한 존재로 보는 것이 실제에 더 가깝다고 판단했다.

맹자는 이르기를, "사람의 본성은 선하다" 했으니, (순자가) 말
했다. "이것은 그렇지 않다. 무릇 예로부터 지금까지 천하의 이
른바 선이라고 하는 것은 바른 도리와 공평한 다스림이고, 이른
바 악이라고 하는 것은 치우치고 험하며 어그러지고 어지러운 것
이다. 이것이 선·악의 구분이다."

「성악性惡」

『순자』를 보면 순자가 여러 군데에서 맹자를 비판하고 있음을 확인할
수 있다. 비판은 주로 맹자의 성선설에 대한 것이었다. 그렇다면 순자가 성
악이라는 좀 과도하다 싶은 표현을 쓴 것도 맹자를 의식한 측면이 크게 작
용하지 않았을까? 어쨌든 이처럼 맹자와 순자는 선명하게 대립적인 입장
을 취하고 있었다.

맹자는 선의 근거를 사람의 본성에서 이끌어냈던 반면, 순자는 그럴 수
없다고 보았다. 그에 따르면 선이란 생활 속에서 올바른 도리를 실천하고
백성에게 올바른 정치를 행함으로써 생기는 것이었다. 선악은 선천적으로
존재하는 개념이 아니라 후천적으로 형성되는 사회적 산물로, 순자는 이
와 같은 사회적 노력을 한마디로 인위僞라고 했다. 인위적 노력만이 선을
만들어낸다고 본 것이다.

도덕적 선이 인위적 노력의 산물이라는 순자의 주장은 놀랍다. 이처럼

선명하게 대립되는 맹자와 순자가 전국시대에 거의 동시에 존재함으로써 중국철학은 풍부하게 발전할 수 있는 토양을 갖추게 되었다. 또한 성악을 주장한 순자가 제나라의 왕립 아카데미인 직하학사의 책임자를 세 번이나 역임했다는 사실은 당시의 자유로운 학문 분위기를 말해준다. 당시의 분위기만 놓고 보면, 맹자와 순자 가운데 누가 유학의 주류였는가라는 문제는 충분히 하나의 논쟁거리가 될 수 있었다. 간단히 대답할 수 있는 문제가 아니었다는 말이다. 그러나 주자가 사서四書를 정립하고 맹자에게 공자의 계승자라는 확고한 위상을 부여하면서 유학의 역사에서 순자에 대한 관심은 사라져갔다. 조선 유학계와 현대 한국 학계에서 역시 순자가 생소해진 배경이다.

【순자 3】 원문 18

무릇 정치를 말하면서 욕망을 버릴 것을 기대하는 사람은, 욕망을 다스릴 줄은 모르고 욕망이 있다는 사실 자체에 곤혹스러워하는 사람이다. 무릇 정치를 말하면서 욕망을 줄일 것을 기대하는 사람은, 욕망을 절제할 줄은 모르고 욕망이 많다는 사실 자체에 곤혹스러워하는 사람이다. 욕망이 있고 없고는 종류는 달라도 생사生死에 따라 달라지는 것이지 치란治亂에 따라 달라지는 것은 아니다.

「정명正名」

순자는 사람이 욕망과 이기심을 본성으로 하는 존재라고 했지만, 그럼에도 사람에게서 욕망과 이기심을 없앨 수 있다고 생각하지는 않았다. 그는 백성을 다스림에 있어 욕망과 이기심을 제거하려 하거나 줄이려는 것은 비현실적이라고 여겼다. 욕망은 제거할 수 있는 것이 아니라 절제하도록 해야 하는 것이었다.

욕망이 생사에 따라 달라지는 것이지 치란에 의해 달라지는 것이 아니라는 말은, 욕망이란 사람이 살아 있는 동안에는 언제나 존재하고 죽어야만 없어지는 것이지 정치를 잘한다고 해서 없어지지는 않는다는 말이다. 즉 사람에게 욕망은 불가피한 것이고, 그렇기 때문에 유능한 정치인은 욕망을 아예 없애려는 사람이 아니라 욕망을 인정하고 그것을 잘 다스리는 사람이다. 욕망을 다스리려면 어떻게 해야 하는가? 여기서 예제禮制가 등장한다. 예라는 것은 욕망의 존재를 인정하고, 다만 욕망의 무절제한 표출을 통제하면서 적절하게 표현되도록 하는 인위적인 제도라고 할 수 있다.

【순자 4】 원문 19

사람의 본성은 악하니 선善이라고 하는 것은 인위적인 것이다.
지금 사람의 본성은 나면서부터 이익을 좋아하니 이러한 본성에
순응함으로써 쟁탈이 생겨나고 사양하는 법이 없다. 나면서부터 미워하고 증오함이 있으니 이러한 본성에 순응함으로써 살육과 약탈이 생겨나고 충성과 신뢰가 없어진다. 나면서부터 귀와 눈의 욕망이 있어 아름다운 소리와 색을 좋아하니 이러한 본성

에 순응함으로써 음란이 생겨나고 예의와 문리가 없어진다. 그렇다면 사람의 본성을 따르고 인정에 순응하면, 반드시 쟁탈로 이어지고 분수를 넘어서 도리를 어지럽히며 끝내 폭력으로 귀결된다. 따라서 반드시 스승과 법도에 의한 교화와 예의의 인도함이 있은 연후에 시양할 줄 알게 되고 문리에 합치하며 다스림으로 귀결된다. 이로써 볼 때, 사람의 본성은 악한 것이 분명하고 선이라고 하는 것은 인위적인 것이다.

「성악」

도덕적 선은 어디에서 오는가? 순자는 한마디로 선이란 인위에서 나오는 것이라고 단언한다. 사람의 후천적 노력을 의미하는 인위는 선이 선천적으로 주어지는 것이라는 데 정면으로 맞선다. 오히려 선천적으로 주어진 본성은 이기적이라 그대로 두면 악행을 저지르므로 반드시 교화와 예치를 통해 올바른 방향으로 인도해야 하는데, 선은 바로 여기서 발생한다는 것이 그의 주장이다.

선이란 사람의 본성이 아니라 사회적 교화의 산물이라는 순자의 철학은 훈육과 예치의 필요성을 제기한다. 맹자처럼 본성을 선한 것으로 본다면, 타고난 본성을 잘 함양하여 현실에 올바로 발현되도록 하기만 하면 별도의 훈육과 예치의 필요성은 줄어든다. 순자의 경우, 애초에 본성을 악한 것으로 보기 때문에 훈육과 예치가 중요한 과제로 대두되는 것이다.

중국과 조선의 유학계에서는 일반적으로 맹자를 정통으로 간주해왔지만, 훈육과 예치를 무엇보다 중시했다는 점에서 볼 때 순자의 영향을 결코 과소평가할 수 없다. 오히려 어떤 학자는 유학계가 말로는 맹자를 계승했다고 하지만 실은 순자의 사상이 유학사를 지배해왔다고 주장하기도 한다.

【순자 5】 원문 20

무릇 본성이라고 하는 것은 하늘이 내린 것이고, 배워서 얻을 수 있는 것도 아니며 노력해서 얻을 수 있는 것도 아니다. 예의라고 하는 것은 성인께서 제정한 것이니, 사람이 배워서 능할 수 있고 노력해서 이룰 수 있는 것이다. 배워서 얻을 수 없고 노력해서 얻을 수 없지만 사람에게 있는 것을 본성이라 하고, 배워서 능하게 되고 노력해서 이루어 사람에게 있는 것을 인위라고 하니, 이것이 본성과 인위의 구분이다.

「성악」

본성과 인위는 어떻게 다른가? 순자는 하늘이 내린 것으로 배워서 알 수 있는 것도 아니고 노력해서 얻을 수 있는 것도 아닌 게 본성이며, 배워서 알 수 있고 노력해서 얻을 수 있는 것이 인위라고 했다. 인위적이라는 말은 대개 부정적인 의미로 사용된다. 일반적으로 사람들은 자연스러움을 선한 것이라 여기기 때문이다. 그러나 본성을 악으로 본 순자는 인위적인 행위야말로 무엇보다 중요하다고 보았다. 인위는 사람이 노력해서 얻게 되는 성취이기 때문이다. 그리고 스승에 의한 훈육과 예치에 의한 다스림이 가장 중요한 인위적 행위라고 보았다.

위 글의 핵심은 본성과 인위는 다르다는 이른바 성위지분性僞之分의 주장이다. 이 개념을 그대로 우주론에 적용하면 천도와 인도는 다르다는 천인지분天人之分이 된다. 하늘의 운용 원리와 사람의 도덕 원리는 다르다는 것이다. 하늘의 도는 사람으로서 알 수도 없고 바꿀 수도 없지만, 사람의 도는 스스로 탐구해서 정해야 하는 것이고 훈육을 통해 변화시킬 수도 있다. 이는 한마디로 순자 철학의 핵심 개념으로서 인위의 강조라 할 수 있다. 인위를 강조하는 순자의 철학은 정치사상 분야에서 예치론禮治論으로 나타났다. 그리고 예치론을 떠받치고 있는 지식론과 학문론은 곧 앎의 문제다. 그의 예치사상은 후대 유학사상에 끼친 영향이 매우 크다. 일반적으로 송대 성리학자들이 순자를 비난하는 이유는 순자가 맹자를 비판했다는 사실과 성악설에 대한 오해에서 기인한 듯하다. 실제로 예를 무척 중시했던 조선의 유학자들 중 순자를 집중적으로 비판하는 이는 드물었고 오히려 그의 학설을 부분적으로 인용하는 이들도 있었다.

【순자6】 원문 21

여러 명칭 가운데 사람에게 갖춰져 있는 것으로서, 나면서부터 그러한 바를 일러 성性이라 한다. 성이 반응하여 생겨나는 것으로서 정밀하게 합치하고 감응하여 노력하지 않고도 그러한 것 역

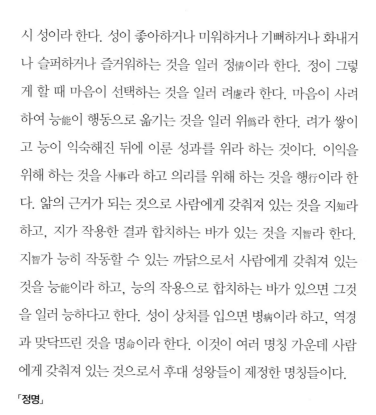

시 성이라 한다. 성이 좋아하거나 미워하거나 기뻐하거나 화내거나 슬퍼하거나 즐거워하는 것을 일러 정情이라 한다. 정이 그렇게 할 때 마음이 선택하는 것을 일러 려慮라 한다. 마음이 사려하여 능能이 행동으로 옮기는 것을 일러 위僞라 한다. 려가 쌓이고 능이 익숙해진 뒤에 이룬 성과를 위라 하는 것이다. 이익을 위해 하는 것을 사事라 하고 의리를 위해 하는 것을 행行이라 한다. 앎의 근거가 되는 것으로 사람에게 갖춰져 있는 것을 지知라 하고, 지가 작용한 결과 합치하는 바가 있는 것을 지智라 한다. 지智가 능히 작동할 수 있는 까닭으로서 사람에게 갖춰져 있는 것을 능能이라 하고, 능의 작용으로 합치하는 바가 있으면 그것을 일러 능하다고 한다. 성이 상처를 입으면 병病이라 하고, 역경과 맞닥뜨린 것을 명命이라 한다. 이것이 여러 명칭 가운데 사람에게 갖춰져 있는 것으로서 후대 성왕들이 제정한 명칭들이다.

「정명」

사람은 어떻게 인위적인 노력을 통해 도덕적 삶에 이를 수 있는가? 순자는 사람에게는 도덕적 삶에 도달할 능력이 있다고 보았다. 가령 인식 기능이라든가 실천 기능이 그렇다. 순자는 이를 지知, 능能의 기능이라 일컬었는데, 그 자체가 도덕적 성격을 띠는 것은 아니며 지와 능을 통해 도덕적 삶을 위한 인위적 노력이 가능하다고 보았다. 송대 성리학자들처럼 개념 정의가 정밀하진 않지만 지와 능은 순자가 인위의 노력을 설명할 때 사용하는 핵심적인 개념이다.

순자는 '사람에게 갖춰져 있는 것'이라고 하여, 사람의 정신과 관련된 여러 기능을 정의하고 있다. 그러나 위 글을 자세히 살펴보면, 그 가운데는 본성으로서 선천적으로 갖춰져 있는 것도 있고 본성이 작용한 결과로서 나타나는 정신 작용도 있다. 주목할 만한 점은 본체보다는 오히려 작용적 측면에 비중을 두고 있다는 것인데, 여기에는 선천적인 본성性보다는 인위僞를 중시하는 순자의 관점이 잘 드러나 있다.

앎의 문제와 관련하여 특히 중요한 것은 지知와 지智의 관계에 대한 언급이다. 앎의 근거가 되는 것으로 사람이 선천적으로 지니고 있는 인식 기능을 지知라 하고, 인식이 익숙하게 된 결과 자동적으로 도리에 합치하는 단계를 지智라 한다는 이 언급은 앎에 대한 순자의 관점을 전형적으로 보여주는 것으로, 특히 맹자와 비교해볼 때 매우 중요하다. 맹자는 지智를 옳고 그름을 판단할 수 있는 기능으로서 사람에게 갖춰진 선천적인 본성이라 여겼다. 반면 순자는 사람은 일반적인 인식 기능으로서 지知의 기능을 가지고 있을 뿐, 그러한 인식이 누적되는 과정을 통해 앎의 결과가 사회적 합의에 자동적으로 부합하는 단계에 도달한 것을 지智라고 한다고 봤다. 사람에게 지智는 결코 선천적으로 주어져 있는 것이 아니기 때문에 그러한 본성을 함양한다는 말은 성립할 수 없다고 본 것이다. 그렇다면 사람에게 중요한 것은 지知의 일반적인 인식 기능을 최대한 발휘함으로써 지智의 단계에 도달하는 일이다.

이렇게 본다면 송대에 와서 주자가 대상세계에 대한 직접적인 인식론이라 할 수 있는 격물의 문제에 새롭게 주목한 것은 과연 맹자의 관점을 계

안다는 것에 대한 동양적 성찰

승한 것일까, 아니면 순자의 관점을 계승한 것일까? 흥미진진하지 않을 수 없다. 이런 관점에서 본다면 공자의 진정한 계승자가 맹자인가 순자인가 하는 문제도 제기해볼 수 있겠다.

"길거리를 지나가는 사람도 우 임금 같은 성인이 될 수 있다"고 했는데, 무슨 말인가? (순자가) 말했다. "우 임금이 우 임금으로 되는 까닭은 그가 인의의 법도와 올바름을 실천했기 때문이다. 그렇다면 인의의 법도와 올바름에는 알 수 있고知 능할 수 있는 能 이치가 있을 것이다. 그리고 길거리의 사람들도 모두 인의의 법도와 올바름을 알 수 있는 자질을 지니고 있고, 모두 인의의 법도와 올바름을 능할 수 있는 도구를 가지고 있으니, 그렇다면 누구나 우 임금이 될 수 있다는 것도 명백하다."

「성악」

순자의 사상에서 인식 기능, 즉 지知는 매우 중요하다. 그는 모든 사람이 성인이 될 수 있는 이유에 대해 사람은 누구나 지적 능력을 가지고 있기 때문이라고 했다. 사람은 지적인 훈련과 경험을 통해서 인과 의가 참으로 삶의 올바른 법칙임을 알게 된다. 따라서 성인이 되는 것은 선천적인 자질이나 직위에 의해서가 아니라 후천적인 노력의 결과로서의 성취다. 이렇게 보았기 때문에 지의 기능은 순자가 강조한 인위의 출발점이라 할 수 있다.

사람은 앎을 통해서 성인이 될 수 있다. 이 말에서 순자가 고대 중국의 어느 사상가보다 앎의 의미를 중시했다는 것을 알 수 있다. 위 글에서 유의할 점은, 순자가 말하는 사람의 지적 능력이 그 자체로 법도와 올바름에 대한 인식을 보장하는 것은 아니라는 사실이다. 다만 이것은 출신이나 지위 고하를 막론하고 모든 사람이 가지고 있는 심적 기능이다. 따라서 우임금과 같은 성인이 될 가능성은 누구에게나 열려 있지만, 동시에 지적 능력을 연마하여 올바른 인식에 도달하기 위해서 노력하지 않으면 안 된다는 점도 모든 사람에게 동일하게 적용된다고 본 것이다.

【순자 8】 원문 23

"사람은 어떻게 도를 알 수 있는가?" (순자가) 말했다. "마음으로 알 수 있다." "마음으로 어떻게 알 수 있는가?" (순자가) 말했다. "마음을 비우고 한 가지에 집중하고 고요하게 함으로써 알 수 있다. 마음은 갈무리하지 않은 적이 없지만 또한 이른바 비움虛이 있고, 마음은 가득 채우지 않은 적이 없지만 또한 이른바 한 가지에 집중함壹이 있고, 마음은 움직이지 않은 적이 없지만 또한 이른바 고요함靜이 있다. 사람은 태어나면서 앎이 있고 알게 되면 뜻하는 바가 있으니, 뜻한다는 것은 갈무리함이다. 그러나 이른바 비움이 있으니, 갈무리한 것 때문에 장차 받아들이는 것을 방해하지 않는 것을 일러 비움이라 한다. 사람은 태어나면서 앎

안다는 것에 대한 동양적 성찰

이 있고 알게 되면 다름이 있으니, 다르다는 것은 이것과 저것을 동시에 아는 것이니 두 가지다. 그러나 이른바 한 가지에 전일專 一함이 있으니, 저것을 가지고 이것을 방해하지 않는 것을 일러 한 가지에 집중한다고 한다. 마음은 누우면 꿈을 꾸고 편안하면 멋대로 행하며 생각만 하면 계교를 꾸미니, 그런 까닭에 마음은 분주하지 않은 적이 없었다. 그러나 이른바 고요함이 있으니, 몽상과 번뇌로 앎을 어지럽히지 않는 것을 일러 고요함이라고 한다. 아직 도를 얻지는 못했지만 도를 구하는 자는 비우고 한 가지에 집중하며 고요함을 말한다. 그러면 장차 도를 구하고자 하는 자는 비우면 들어올 것이고, 장차 도에 힘쓰고자 하는 자는 한 가지에 집중하면 다할 것이며, 장차 도를 사색하는 자는 고요하면 명석하게 될 것이다. 도를 아는 것이 명석하고 도를 아는 것이 행동으로 나타나면 도를 몸으로 체현하는 것이다. 비우고 한 가지에 집중하며 고요한 것을 일러 대청명大淸明이라 한다."

「해폐解蔽」

마음이 갖고 있는 앎의 능력을 최대한으로 발휘하기 위해서 구체적으로 어떻게 해야 하는가? 이에 대해 순자는 마음을 비울 것, 한 가지에 집중할 것 그리고 마음을 고요하게 할 것을 제안했다. 이른바 허일이정虛壹而靜이다. 대부분의 유학자가 평소 마음의 자세에 대해 이와 비슷한 말을 했지만, 순자의 경우 성인이 되기 위한 구체적인 실천 방법으로 이를 제시했다는 점에서 그 의미가 남다르다. 앎을 통해 성인이 될 수도 있다고 했기 때문이다.

비움虛은 마음속의 잡다한 지식이나 선입견으로부터 완전히 자유로운 상태가 되는 것이다. 사람은 태어나면서부터 지식을 쌓기 시작하는데, 이것이 점차 축적되면서 자기만의 관점을 형성하게 된다. 이는 자아 형성의 바탕이 된다는 점에서 매우 중요하다. 그러나 자기 관점이란 한번 굳어지면 선입견으로 작용하기도 한다. 순자는 먼저 들어와서 자리 잡은 지식이 나중에 새롭게 들어오는 지식에 방해가 되어서는 안 된다며, 선입견이 걸림돌이 되지 않도록 자신의 마음을 늘 비워두어야 한다고 했다.

집중함壹이란 올바른 앎을 위해서는 한 가지 대상에 집중하라는 의미다. 불가피하게 여러 사물에 대해 동시에 인식하다보면, 마음이 분산되어 이것저것 다 신경을 쓰게 되고 결국 한 가지도 제대로 파악하지 못하게 된다. 따라서 무엇을 알고자 할 때는 오직 한 가지 대상에 전념하여 정신을 다른 데 두지 말아야 한다. 이는 사물에 대한 객관적 관찰 자세를 제시한 것이라 할 수 있다.

고요함靜이란 망상, 번뇌, 잡념 등 복잡한 생각들이 마음의 인식과정을 어지럽히는 일이 없도록 마음을 맑고 고요한 상태로 유지하라는 의미다. 순자는 사람의 마음은 긴장이 풀리면 몽상을 일삼거나 온갖 쓸데없는 생각에 빠지기 쉽고 나쁜 일을 꾸미는 데 마음을 쓰기 쉽다고 했다. 마음에 양지·양능의 기능을 인정한 맹자와는 완전히 다른 관점이다. 그러므로 마음이 나태한 상태가 되지 않도록 늘 경각심을 지녀야 하며, 이를 위해서는 무엇보다 마음을 고요한 상태로 유지하도록 노력해야 한다는 것이다.

순자는 사람의 마음이 사실을 객관적으로 인식할 능력을 가지고 있는 동시에 번뇌와 망상으로 왜곡되기 쉬운 약점도 가지고 있다고 보았다. 따라서 이런 약점을 보완하기 위해서는 마음을 언제나 허일이정의 상태로 유지할 것을 주장했다. 그는 이처럼 마음이 선입견 없이 비워져 있고, 한 가지에 집중하고 있으며, 그러면서 맑은 호수처럼 고요한 상태를 크게 맑고 밝은 마음이라 하여 대청명이라 일컬었다. 중요한 점은 이런 마음이 선천적 본성은 아니지만 후천적 노력에 의해서 가능하다고 봤다는 사실이다.

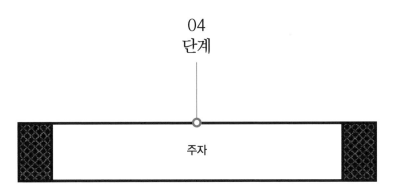

04
단계

주자

【주자 1】 원문 2 4

옛날에 밝은 덕明德을 천하에 밝히고자 하는 자는 먼저 그 나라
를 다스렸고, 그 나라를 다스리고자 하는 자는 먼저 그 집안을
가지런히 했으며, 그 집안을 가지런히 하고자 하는 자는 먼저 그
몸을 닦았고, 그 몸을 닦고자 하는 자는 먼저 그 마음을 바르게
했으며, 그 마음을 바르게 하고자 하는 자는 먼저 그 뜻을 정성
스럽게 했고, 그 뜻을 정성스럽게 하고자 하는 자는 먼저 그 앎
을 지극하게 했으니, 앎을 지극하게 함은 사물의 이치를 궁구함
格物에 있다.

『대학집주大學集註』 경1장

주자가 앎의 문제를 집중적으로 언급한 것은 격물에 관해 논의하면서 부터였다. 그리고 격물 개념이 유학 경전에 처음 등장한 것은 『예기』 제42장 대학 부분이었는데, 주자가 이를 독립시켜 성리학의 기본 경전이라 할 수 있는 『대학』으로 발전시켰다. 이 『대학』의 첫머리에 유명한 3강령 8조목이 등장한다. 특이한 점은 격물格物·치지致知·성의誠意·정심正心·수신修身·제가齊家·치국治國·평천하平天下라 하여, 유학의 궁극적인 목표라 할 수 있는 평천하를 위한 첫 출발점으로 격물을 제시했다는 사실이다.

어떻게 해서 이치를 궁구함格物이 평천하를 위한 출발점이 될 수 있을까? 아니 그보다 주자는 왜 『대학』을 집주하면서 격물을 평천하의 출발점이라고 한 대목에 주목했을까? 어떻게 생각하면 뜻을 정성스럽게 함誠意이나 마음을 바르게 함正心이 먼저 와야 하지 않을까? 그런데도 격물을 앞세웠다는 점에서 주자의 사상적 특징을 찾을 수 있다. 주자는 우주만물에 존재하는 리理를 파악하는 것이 다른 어떤 일보다 우선이라고 생각한 듯하다. 속언에 "알아야 면장을 한다"는 말이 있지만, 우선 세상 돌아가는 이치를 알아야 그다음에 무슨 일을 할 수 있다는 것이 그의 확신이었던 것이다. 이 점에 주목해 본다면 주자는 주지주의자임이 분명하다.

천하에 밝은 덕을 밝힌다는 것은, 천하 사람들로 하여금 모두 자신의 밝은 덕을 밝히도록 하는 것이다. 마음은 몸의 주인이다. 성誠은 성실함이고, 의意는 마음이 발하는 것이다. 마음이 발하는 바를 성실하게 한다는 것은, 한결같이 선을 추구하여 스스로 속임이 없도록 하려는 것이다. 치致는 끝까지 추구함이며, 지知는 지식이다. 나의 지식을 끝까지 추구하여 앎이 미진함이 없도록 하려는 것이다. 격格은 이르다至라는 뜻이고, 물物은 일事과 같다. 사물의 리理를 궁구하여 마지막까지 이르지 않음이 없도록 하는 것이다. 이 여덟 가지가 『대학』의 조목이다.

『대학집주』 경1장, 주자 주註

주자는 사서에 대해 집주 작업을 하면서 위에서 인용한 『대학』의 경문에 대한 자신의 생각을 자세히 밝혔다. 이 언급은 단순히 자구를 해석하는 데서 그치지 않고 앎에 대한 자신의 철학을 밝힌 것으로서 주자학의 학문적 특징을 확인할 수 있는 중요한 발언이다.

주자가 『대학』을 집주하면서 달았던 위의 주석 가운데 "한결같이 선을 추구하여一於善"가 어떤 판본에는 "모름지기 스스로 만족하여必自慊"로 되어 있기도 하다. 주자가 『대학장구』를 편찬한 이후 수많은 이설이 있었고 수정이 있었음을 보여주는 좋은 사례다.

주자는 세상 모든 사람이 밝은 덕을 펼칠 수 있다고 하면서, 이를 위한 첫 번째 관건이 바로 나의 앎이 미진함이 없도록 하는 것이라 했다. 구체적으로 격물에서 '격'은 '이르다'라는 의미라고 주장했다. 즉 인간의 의식이 사물에 나아가서 사물에 내포된 리에 다다름으로써 인식이 이뤄진다는 것이다. 그리고 '물'은 '일'이라고 보았다. 흔히 물을 사물로 번역하는데,

안다는 것에 대한 동양적 성찰

그 해석에도 큰 무리는 없지만 주자가 말한 본래적 의미는 일이었다는 점은 주목할 만하다. 즉 주자가 격물의 대상으로 생각한 물은 단순한 사물이라기보다는 어떤 가치 판단이 개입된 사안이나 사태에 더 가깝다. 유학이 관심을 둔 것은 물리적 세계보다는 인간사회였기 때문이다. 왕양명은 '즉물궁리卽物窮理'라는 주자의 말을 듣고 하루 종일 대나무만 쳐다봤지만 아무것도 격물하지 못하고 병만 생겼다고 했는데, 주자의 본래 의도는 대나무 같은 구체적인 사물을 연구해서 물리적 이치를 파악하려 한 것이 아니라 여러 사안을 연구해서 그 상황에 맞는 행위 원리를 파악하려 한 것으로 보는 게 옳다.

어쨌든 격을 '이르다'라고 풀이한 주자의 해석은 '바르게 하다正也'라고 해석한 왕양명과 대비되면서, 앎에 관한 주자의 핵심 이론이자 성리학의 대표적인 인식론으로 평가된다. 비록 주자의 『대학장구』가 나온 뒤 중국과 조선에서 수많은 비판이 제기되었고 다양한 보유補遺편이 출간되었지만, 서양철학의 인식론에 해당되는 유학 이론이 무엇인지를 물을 때 우리가 망설임 없이 격물론이라고 말하게 된 것은 거의 주자의 공적이라 할 수 있다.

【 주자 3 】 원문 2 6

물격物格이라는 것은 물리의 지극한 곳에 이르지 아니함이 없는 것이다. 지지知至라는 것은 내 마음이 아는 바가 다하지 아니함이 없는 것이다. 앎이 다하면 뜻은 진실해지고 뜻이 진실해지면

마음은 바르게 될 수 있다. 수신修身까지는 명덕明德을 밝히는 것
과 관련된 일이고, 제가齊家부터는 신민新民과 관련된 일이다. 격
물을 통해 앎이 지극해지면 그칠 바를 알게 된다. 성의誠意부터
는 모두 그칠 바를 깨닫는 순서다.

『대학집주』 경1장, 주자 주註

　격물과 더불어 또 하나의 중요한 개념은 물격이다. 물격이란, 주자의 관
점에서 해석하면, 사물의 지극히 내밀한 원리가 끝까지 완전하게 파악된
상태를 말한다. 사물의 원리를 속속들이 파악하여 나의 앎이 지극한 상태
가 되면, 나의 뜻이 진실해지고 마음도 바르게 된다고 본 것이다. 내 마음
은 그 자체로서 바르게 되는 것이 아니라 사물의 리를 완전히 파악하고 난
뒤에야 바르게 될 수 있다고 한 데서 주자가 앎을 얼마나 중시했는지 알 수
있다. 또한 주자학에서 말하는 앎이란 남이 갖다주는 것이 아니라 진정한
앎을 위해 끊임없이 노력하지 않으면 안 되는 것임을 알 수 있다. 앎의 내
용은 선인들이 다 밝혀놓았으니 우리는 실천만 하면 된다는 생각은 사실
주자학의 취지를 오해한 것이다.

　이러한 관점에서 보면, 『대학』 8조목에서 왜 격물치지를 성의정심보다
앞에 두었는지를 이해할 수 있다. 사실 8조목의 순서는 주자가 새롭게 정
한 것이 아니라 『예기』에 수록되어 있는 소위 구본 『대학』의 순서를 따랐
다. 주자는 그러한 『대학』의 기본 관점을 그대로 수용해 앎에 대한 자신의
이론을 정립하는 데 출발점으로 삼았다.

안다는 것에 대한 동양적 성찰

우선 "물리의 지극한 곳에 이르지 아니함이 없는"에 대한 원문은 '物理之極處無不到也'이다. 조선의 학자들은 한문에 토를 달아 읽었는데 이를 현토懸吐라 한다. 이 해석은 '物理之極處(에)無不到也(라)' 식으로 토를 달았을 경우를 전제로 한 해석이다. 일부 영남 지역을 중심으로 '物理之極處(ㅣ)無不到也(라)'로 봐야 하지 않는가라는 의문이 제기되었고, 퇴계가 고심 끝에 후자를 지지하는 것으로 입장을 바꿈으로써 이 문제는 조선 유학계의 논쟁거리로 남겨졌다. 필자는 퇴계의 해석을 리가 스스로 발할 수 있다는 자신만의 철학에 기초한 것으로 보는데, 이 문제는 퇴계의 앎을 다루는 장에서 자세히 언급하겠다. 여기서는 일단 일반적인 한문의 문리에 따라 전자의 현토대로 해석한 것이다. 주자도 대개 이러한 취지에서 말하지 않았나 생각된다.

주자는 앎이 지극한 상태가 되어야 뜻이 진실해지고 마음도 바르게 되며 또한 그칠 바를 알게 된다고 했다. 사람이 무턱대고 뜻을 진실하게 하거나 마음을 바르게 할 수 있는 것이 아니라 먼저 상황에 내재하는 이치를 알아야 한다는 말이다. 이치를 알아야 뜻도 정성스럽게 할 수 있고 마음도 바르게 할 수 있게 된다고 본 것이다.

【주자 4】 원문 27

이른바 치지致知는 격물에 달렸다고 하는 것은, 나의 앎을 다하고자 한다면 사물에 나아가 그 속에 있는 리를 궁구함에 달렸음을 말한다. 대개 사람 마음의 신령스러움은 알지 못하는 바가 없고 천하 사물에는 리가 갖춰져 있지 않은 경우가 없는데도, 다만 리에 있어서 궁구하지 못한 것이 있기 때문에 앎에 있어서도 미진한 바가 있는 것이다. 이런 까닭으로『대학』은 처음 가르칠 때 반드시 배우는 사람으로 하여금 두루 천하의 사물에 나아가 이미 알고 있는 리를 바탕으로 더욱 궁구하여 그 지극한 데까지 이르도록 하는 것이다. 힘쓰기를 오래하여 어느 날 아침 활연관통하게 되면 여러 사물의 겉과 속, 미세한 부분과 거친 부분까지 이르지 않음이 없고 내 마음의 온전한 체體와 큰 용用이 밝혀지지 않음이 없게 된다. 이를 일러 물격이라 하고, 이를 일러 앎이 지극하다고 한다.

『대학집주』, 전5장, 주자 주註

주자가 생각한 앎과 그 대상으로서의 리 개념은 우리가 생각하는 것 이상으로 매우 구체적이다. 다시 말해 리를 허공에 떠 있는 추상적인 도의 개념으로 생각한 것이 아니라 모든 사사물물에 그 사물 존재의 본질로 자리 잡고 있는 이치를 말하는 것이고, 격물이란 구체적으로 사사물물에 나아가 내재하는 이치를 아는 것이다. 따라서 이러한 앎의 과정은 단기간에 이뤄지지 않고 수많은 대상을 꾸준히 탐구하여 앎을 누적해가다보면 어느 날 아침 훤하게 깨닫게 된다는 것이 주자의 생각이었다.

성인은 일찍이 리일理一을 말하지 아니하고 주로 분수分殊를 말했으니, 능히 분수 가운데 사사물물 각각의 부분에서 그 당연한 바를 깨닫는다면 바야흐로 리가 하나로 관통됨을 알게 된다. 만 가지 분수에 각기 하나의 리가 있음을 알지 못하고 그저 리가 하나임을 말한다면, 리가 어디서 하나인지 알지 못하게 된다.

『주자어류朱子語類』 27권, 논어論語 9, 이인편里仁篇 하

주자는 단기간에 깨달음을 얻겠다는 생각을 버리고 꾸준히 지식을 누적할 것을 강조했다. 이는 여러 개별적 사물에 내재하는 이치, 즉 성리학에서 말하는 분수의 이치를 하나하나 깨달아가다보면 전체를 관통하는 하나의 보편적 이치, 즉 리일의 이치를 알게 된다는 말이다.

만 가지 리는 단지 하나의 리이지만, 배우는 사람은 모름지기 만 가지 리에 나아가 천 가지 만 가지 단서를 모두 깨달아야 한다. 다양한 면모가 합쳐지면 자연히 하나의 리를 보게 된다. 저 만 가지 리를 이해하지 아니하고 단지 저 하나의 리만을 이해하려 한다면, 공상가에 지나지 않는다.

　이처럼 주자는 철저히 구체적인 대상에서 리를 찾을 것을 주문했다. 우주만물의 리가 서로 연계되어 있다는 전제하에 출발했다는 점에서 엄격한 의미에서의 과학적 접근과는 다르지만, 주자가 말하는 활연관통이라는 궁극의 경지는 불가에서 말하는바, 면벽 수도하다가 찰나에 얻는 깨달음과는 분명히 다르다. 직접 사물에 나아가서 탐구하는 즉물궁리와 개별 사물에 대한 누적된 지식을 통해 궁극적인 앎에 도달하고자 했던 것이다. 그러나 한편으로 생각해보면 사람이 수많은 사물에 대해 격물을 무한히 반복하는 것이 가능할까? 과연 얼마나 많은 사물을 격물해야 활연관통 단계에 이를 수 있을지도 명확하지 않다. 이렇게 볼 때 그가 추구했던 궁극의 앎이란 일종의 보편적 질서 개념과 같은 것이 아닌가 싶다.

　사람이 활연관통의 단계에 이르면 그 경지는 어떤 것일까? 주자는 모든 사사물물의 내밀한 이치와 외부 형태까지 모르는 바가 없게 된다고 했다. 나아가 이러한 앎을 가능케 하는 마음의 본체와 작용에 대해서도 알게 된다고 했다. 그 깊이와 폭을 가늠하기조차 어려운 고차원의 경지다. 무리하게 정리해본다면, 활연관통의 경지는 사물에 대한 폭넓은 지식을 바탕으로 우주만물의 운행을 이해하고 사람의 행위 원칙을 판단할 수 있는 고도의 균형 잡힌 인격체에 가깝지 않을까 생각된다.

　주자는 격물의 중요성을 강조했지만, 사색을 거듭한 끝에 대상 사물에 대해 격물만 계속한다고 활연관통의 경지에 도달할 수 있는 것이 아니라는 판단을 하게 된다. 이 점은 특히 마음에 대한 그의 생각이 바뀌면서 마음이 발한 이후, 즉 이발已發 단계의 격물만큼이나 발하기 이전, 즉 미발未發 단계의 함양 공부가 중요한 과제로 등장했다. 즉 격물의 과정이 올바로 진행되고 그것이 활연관통으로 이어지려면, 미발 단계에서 마음에 대한 함양이 무엇보다 중요하다고 본 것이다.

미발 단계의 마음에 대한 함양은 어떻게 가능한가? 주자도 처음에는 미발 단계에서는 어떤 형태의 노력도 불가능하다고 생각했다. 그러나 어떤 형태로든 미발 단계의 공부가 필요하고 그것이 곧 격물의 성공 여부를 결정짓는다는 결론에 이른 것이다. 미발 단계의 본성이 건전하게 함양되지 않으면 격물의 결과는 피상적인 지식에 그칠 뿐이며 올바른 인격을 위한 진지眞知의 달성에 아무런 영향을 끼치지 못한다. 그는 미발 단계의 함양은 오로지 일상에서의 실천을 통해 이뤄진다고 보았다.

【주자 7】 원문 30

지知와 행行은 반드시 함께 공부해야 한다. 지가 밝아질수록 행은 더욱 독실해지며, 행이 독실해질수록 지는 더욱 밝아지는 것이다. 이 두 가지 중 어느 한쪽에 치우치거나 어느 한쪽을 없앨 수 없다. 마치 사람의 양발이 서로 앞서고 뒤서고 함으로써 차츰차츰 앞으로 나아가는 것과 같다. 마치 한쪽 발이 약해지면 한 걸음도 더 나아갈 수 없는 것과 같다. 그럼에도 불구하고 모름지기 먼저 알아야만 바야흐로 행할 수 있으니, 이런 까닭에 『대학』

에서는 먼저 치지致知를 말했고, 『중용』에서는 지知를 말한 것이 인仁·용勇보다 앞섰으며, 공자도 먼저 지급지知及之를 말했던 것이다. 그러니 학문學問·신사慎思·명변明辨·역행力行 가운데 어느 한 가지도 빠져서는 안 된다.

『주지이류』14권, 대학大學 1, 경經 상

이 말에서 지는 격물에 해당되고 행은 일상적 실천을 의미한다. 지와 행은 사람의 양발과 같아서 어느 한쪽이 없으면 다른 한쪽도 제 기능을 할 수 없다. 이른바 지행병진知行竝進을 말한다. 그런데 한편으로 "그럼에도 불구하고 모름지기 먼저 알아야만 바야흐로 행할 수 있으니, 이런 까닭에 『대학』에서는 먼저 치지를 말했고, 『중용』에서는 지를 말한 것이 인·용보다 앞섰으며, 공자도 먼저 지급지를 말했던 것"이라고 한 부분은 인상적이다. 공자는 "앎이 거기에 이르렀더라도 인仁으로써 지켜내지 못한다면 반드시 잃을 것이다"라는 말을 한 적이 있다. 정치 지도자에게 있어 지知, 인仁, 장莊, 예禮의 중요성을 강조한 대목이다. 주자의 지적은, 모두 중요하지만 그럼에도 공자는 지를 맨 먼저 언급했다는 사실이다. 이처럼 주자는 시종일관 올바로 알아야 올바로 행할 수 있다고 생각했던 사람이다. 굳이 표현하자면 선지후행先知後行이라고 해야 할 것이다. 그러나 이것은 전문가 입장에서 미세하게 따졌을 때이고, 일반적으로 말할 때는 지행병진이 주자의 공식 입장이라고 보는 것이 적절하다. 그렇기 때문에 주자는 『대학』만큼이나 『소학』을 중시했던 것이다.

안다는 것에 대한 동양적 성찰

명덕明德은 마치 사면에 창호를 낸 누각처럼 밝고 환하여 치지致
知·격물格物은 각기 밝은 곳을 따라 이뤄진다. 요즘 사람들은
『소학』 공부를 하지도 않고 하루아침에 『대학』을 배우니, 이런 까
닭으로 착수처가 없는 것이다. 지금 당장 경敬을 지키는 것으로
시작하여 단정하고 순수하게 집중해야 하고, 그런 연후에 능히
치지·격물할 수 있게 된다.

『주자어류』 14권, 대학 1, 강령綱領

『소학』에서 말하는 쇄소灑掃·응대應對·진퇴進退, 즉 일상적인 실천을 통
해서 선한 본성을 함양하고 도덕 실천의 의지를 다지는 것이 『대학』의 격
물·치지를 위해 반드시 요구된다는 말이다. 일상에서의 실천은 단순히 격
물의 결과를 행동으로 표현하는 것이 아니라 격물 자체의 성공을 위해서
도 매우 중요한 선행 요소로 등장한다. 주자가 만년에 『소학』을 편찬하기
로 결심한 것도 이러한 배경과 무관하지 않았던 듯하다. 이로써 진정한 앎,
즉 진지를 위한 공부는 공히 미발 및 이발의 단계에서 이뤄져야 하고, 『대
학』과 『소학』 공부는 상호 보완적 관계를 형성하게 된다. 또한 경의 실천이
미발·이발에서 공히 견지되어야 한다는 주자의 말은 앎의 문제에도 그대
로 적용된다.

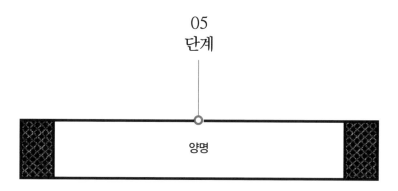

05
단계

양명

물物이라는 것은 일事이다. 무릇 의意가 발하면 반드시 일이 있게 되니, 의가 있는 일을 일러 물이라 한다. 격格이라는 것은 바르게 함正이다. 바르지 않은 것을 바르게 하여 바른 것으로 돌아가게 하는 것을 말한다. 바르지 않은 것을 바르게 한다는 것은 악惡을 제거함을 말하고, 바른 것으로 돌아가게 한다는 것은 선善을 실천함을 말한다. 바로 이것을 격이라 한다.

『왕양명전집王陽明全集』 3권, 오진록悟真錄 7, 「대학문大學問」

앎에 대한 왕양명의 생각은 매우 독특하다. 그러면서도 나름의 논리적 정합성과 고난 속에서 터득한 심오함을 갖추고 있다. 우선 앎의 대상인 물을 일로 해석한 점은 주자와 같지만, 그냥 사물이 아니라 사람의 의가 투영되었을 때 비로소 앎의 대상으로서 사물이 된다고 본 측면에서는 다르다. 자연적으로 존재하는 사물과 사람의 의지가 반영된 사물을 구분해 오직 후자만이 격물의 대상이 된다고 보았다. 또 한 가지 중요한 것은 격물의 격格을 바르게 하다 혹은 바로잡다로 해석했다는 점이다. 주자의 이르다至라는 해석과 선명하게 대비되면서 양명학적 사고의 특징을 잘 보여주는 대목이다. 이러한 관점은 참의 기준이 사물에 있는 것이 아니라 사람 마음에 있다는 생각에 근거하고 있다. 이렇게 볼 때, 과연 격물이란 어떤 의미를 갖게 되는가?

양명은 격물이란 바르지 않은 사물을 바르게 하여 바른 것으로 돌아가게 하는 것이라고 했다. 사물은 무엇 때문에 바르지 않게 되는가? 사람의 의지가 투영되었기 때문인데, 사람의 의지가 투영된다는 것은 그것이 비로소 인간적 의미를 지닌다는 것도 되지만 동시에 욕망이 투영될 가능성도 있는 것이다. 욕망이 투영됨으로써 사물은 본래의 모습을 상실하고 왜곡된다. 악이란 다름 아닌 욕망에 의해 왜곡된 상태를 말한다. 따라서 왜곡된 상태를 바로잡아 올바른 상태로 되돌리는 것이 바로 격물이다. 양명에게 있어 격물은 대상으로부터 정보를 획득하는 행위가 아니라 대상을 올바른 상태로 되돌리는 도덕적 실천 행위라고 하는 이유가 바로 여기에 있다. 그렇다면 올바름을 판별하는 능력과 기준은 사람이 이미 갖추고 있다는 소리다. 양명은 사람에게 선천적으로 있는 능력을 양지·양능이라고 했다.

다만 가득 채운 곳을 일러 신身이라 하고, 그것을 주재하는 곳을 일러 심心이라 하고, 심이 발하여 움직이는 곳을 일러 의意라 하고, 의가 허령하게 밝은 곳을 일러 지知라 하고, 의가 가서 투영된 곳을 일러 물物이라 하니, 단지 하나의 일일 뿐이다. 의라는 것은 허공에 떠 있는 것이 아니라 반드시 어떤 사물에 투영된다. 그런 까닭에 의를 정성스럽게 하고자 한다면, 의가 투영된 어떤 일을 좇아가서 그것을 바로잡음으로써 인욕을 제거하고 천리로 돌아가게 하면, 양지良知가 이 일에 있어서 잘못됨이 없이 지극함을 얻는다. 이것이 곧 의를 정성스럽게 하는 공부다.

『왕양명전집』 1권, 지행록知行錄 3, 전습록傳習錄 하

앎의 문제와 관련하여 양명학에서 가장 독창적이면서도 그 핵심을 이루는 것은 심心, 의意, 지知, 물物의 개념이다. 따라서 이를 먼저 이해해야 격물에 대한 이해도 가능해진다.

여기서 유의할 것은 바로 의 개념이다. 의는 의지, 의도 정도로 볼 수 있는데, 개념으로서 존재하는 게 아니라 반드시 어떤 구체적인 대상에 투영된다는 특징이 있다. 양명은 의가 투영된 결과인 사물을 격물의 대상으로서의 물로 보았다. 이는 사람의 의가 투영되지 않은 자연 상태의 사물과 구분된다. 사람에게 의미가 있는 물은 의가 투영된 물이다. 이 점은 양명

학을 이해하는 데 매우 중요하다. 그리고 격물은 의가 투영된 물을 대상으로 인욕을 제거하고 천리로 돌아가게 바로잡는 것인데, 인욕을 제거하면 사람이 선천적으로 지닌 양지가 그 성능을 발휘하면서 저절로 지가 이뤄진다고 했다. 인욕을 제거하고 천리로 돌아가게 하는 것 자체가 行행인데, 그 과정에서 지知가 동시에 이뤄지니 결국 지행합일이 된다.

【양명 3】 원문 34

제자 설간薛侃이 꽃 사이에 난 풀을 뽑으면서 말했다. "세상에서 어찌하여 선은 배양하기 어렵고, 악은 제거하기 어렵습니까?" (양명) 선생께서 대답했다. "제대로 배양한 적도 없고, 제대로 제거한 적도 없다." 조금 있다가 말했다. "그렇게 선악을 보는 것은 모두 육체적 감정에 따라 생각한 것이므로 곧 착각한 것이다." 설간은 무슨 뜻인지 이해하지 못했다.

선생이 말했다. "천지간에 생명 의지는 꽃이나 풀이나 한가지다. 어찌 선악의 구분이 있겠는가? 그대가 꽃을 감상하려 하기 때문에 꽃을 좋은 것으로 여기고 풀을 나쁜 것으로 여긴다. 만약 풀을 어떤 목적에 쓰려고 한다면 다시 풀을 좋은 것으로 여기게 된다. 그러한 선악은 모두 네 마음이 좋아하고 싫어하는 바에서 생겨난 것이다. 그러므로 잘못되었음을 알 수 있다."

설간이 말했다. "그렇다면 선도 없고 악도 없는 것입니까?" 선생이 말했다. "선도 없고 악도 없는 것은 리理의 고요함이고, 선도 있고 악도 있는 것은 기氣의 움직임이다. 기에 의해 움직이지 않으면 곧 선도 없고 악도 없다. 이것을 '지극한 선'이라 한다." 설간이 말했다. "불교 역시 선도 없고 악도 없다고 하는데, 어떻게 다릅니까?" 선생이 말했다. "불교는 무선무악에 집착하여 일체를 모두 상관하지 않기 때문에 천하를 다스릴 수 없다. 성인의 무선무악은 단지 일부러 좋아하지도 않고 일부러 싫어하지도 않으며 기에 의해 움직이지 않는 것이고, 그러나 왕도를 따라 그 지극함에 합치하니 곧 저절로 천리를 따르는 것이며 일정한 이룸과 도와줌이 있다."

『왕양명전집』 1권, 지행록 1, 전습록 상

왕양명의 어록인 『전습록傳習錄』에는 군데군데 흥미로운 일화가 실려 있다. 그러나 일화들이 단순히 재미있기만 한 게 아니라 그 속에는 심오한 철학적 의미도 담겨 있다. 꽃과 잡초를 통해 선악의 기준이 무엇인가를 토론하는 대목이 있는데, 양명은 사람들이 빠지기 쉬운 선입견의 오류를 예리하게 지적한다.

양명은 선천적으로 정해져 있는 선과 악은 존재하지 않는다고 말한다. 사람들이 말하는 선악이란 다만 자신들의 기호와 필요에 의해 스스로 정해놓은 기준에 불과하다는 것이다. 동서양을 막론하고 선과 악을 보는 관점에는, 결과와 무관하게 선한 것과 악한 것이 별개로 존재한다는 입장과 선천적인 선과 악은 없고 다만 결과에 따라서 선과 악이 구분된다고 보는 입장이 있어왔다. 전자를 절대주의라 하고 후자를 상대주의라 한다. 동양 철학에서 대표적으로 상대주의적 관점에 서 있는 사상이 바로 양명학이다. 양명이 말하는 무선무악이 불교와 다른 점은 무엇인가? 이에 대해 양명은 무선무악 그 자체에 집착하지 않는 것이라 했다. 일부러 좋아하거나 일부러 싫어하지 않고 기氣의 작용에 의해 동요되지 않으며, 오직 사리에 따라 선악을 판단함으로써 왕도를 이루는 것, 그것이 양명이 말하는 무선무악이다.

【양명 4】원문 35

회암(주희)이 말하기를 "사람이 학문을 하는 이유는 심心과 리理일 따름이다. 심은 일신을 주재하지만 실로 천하의 리를 관장하고, 리는 만사에 산재하지만 실로 한 사람의 심에서 벗어나지 않는다" 했으니, 이 말은 한 번은 나누고 한 번은 합하는 동안 배우는 사람으로 하여금 심과 리를 두 가지로 여기도록 하는 폐단을 면치 못했다. 이로 인하여 후세에 오로지 본심만을 추구하여 물리를 버려두는 문제가 생겨났으니, 바로 심이 곧 리임을 알지 못했기 때문이다. 무릇 심 밖에서 물리를 구하니 이로 인하여 말은 많지만 통달하지 못하는 경우가 있게 되었다. 이것은 고자告子가 말한 의義를 밖에서 구한다는 설이고, 맹자께서 그가 의를 알지 못한다고 말한 까닭이다. 심은 하나일 뿐이니, 측은해함을 전체적으로 말하면 인仁이라 하고, 그것이 정당함을 가지고 말하면의義라고 하며, 그 조리를 가지고 말하면 리理라고 한다. 심 밖에서 인을 구할 수 없고, 심 밖에서 의를 구할 수 없는데, 유독 리만은 심 밖에서 구할 수 있겠는가? 심 밖에서 리를 구하니, 이로 인하여 지와 행이 두 가지로 나뉜 까닭이다. 내 마음에서 리를 구한다는 이것이 우리 유가에서 말하는 지행합일의 가르침이니, 그대들은 또 무엇을 의심하는가?

『왕양명전집』 1권, 지행록 2, 전습록 중

왕양명은 "마음이 곧 이치다心卽理"라고 주장했다. 이는 매우 주관적인 입장으로 보이지만 그는 나름의 정치한 이론 체계를 구축했다. 그의 심즉리 주장이 설득력을 지니는 가장 큰 이유는 유학에서 말하는 이치라는 것이, 순수한 사물의 세계를 지배하는 물리적 원리가 아니라 인간사회를 지배하는 정치적 혹은 도덕적 원리라는 데 있다. 유학은 본래 사람이 세상을 살아가는 삶의 도리를 다루는 학문이기 때문이다. 삶의 도리를 물질세계에서 이끌어내는 데는 한계가 있다.

주자는 사사물물에 리가 있다고 하여 사물의 리에 다가가야 한다고 주장했다. 그런데 양명이 보기에는 주자가 말하는 리도 결국 물리적 원리가 아닌 도덕 원리였다. 또한 이 점을 주자는 "리는 마음에서 벗어나지 않는다"라는 말로 인정했다. 그런데도 사물에서 리를 구하고자 했고, 이로 인하여 지知는 행行으로부터 유리되어 별개가 되었다는 주장이다. 엄격히 말하면, 이 점은 주자의 모순이라기보다는 유학의 성격이라고 할 수 있다. 맹자가 고자의 의외설義外說을 비판한 것도 실은 같은 맥락이다. 어쨌든 양명은 주자가 말하는 리 개념에 내포된 한계를 예리하게 지적하고 있다. 리가 마음에서 벗어나지 못한다면, 리는 결국 마음의 리이며 사사물물에서 찾을 것이 아니라 바로 마음에서 찾아야 한다는 주장이다.

만일 주자의 신본(『대학장구』)처럼, 먼저 사물의 리를 궁리·격물한다면 아득하고 흐릿하여 도무지 남는 것이 없게 된다. 모름지기 '경敬'이란 글자를 덧붙임으로써 겨우 몸과 마음에 절실한 의미로 만들었으나 결국 그 근원이 없어지고 말았다. 만일 '경'이라는 글자를 반드시 써야 한다면, 무슨 까닭으로 공자와 그 제자들은 그렇게 중요한 글자를 빼놓고 수천 년이 지난 지금에야 후세 사람으로 하여금 덧붙이게 했겠는가? 정말로 '성의'를 위주로 한다면 굳이 '경'이라는 글자를 더할 필요는 없다. 따라서 '성의'를 가지고 말했으니, 바로 이 점이 학문에 있어서 가장 핵심이 되는 곳이다.

『왕양명전집』 1권, 지행록 1, 전습록 상

『대학』은 『예기』 49편 중 42편에 들어 있던 글로서 처음부터 독립된 문헌은 아니었다. 『예기』에 포함되어 있던 『대학』을 흔히 고본 『대학』이라 칭

한다. 주자는 정자程子의 영향으로 『대학』을 중요시하게 되었고 평생 동안 연구한 결과 고본 『대학』을 재편하여 『대학장구』로 독립시켰는데, 이 과정에서 내용과 순서를 일부 바꿨던 것이다. 『대학장구』를 편찬한 뒤 편집의 타당성 문제가 제기된 것은 이 때문이다. 왕양명은 본래 고본 『대학』에 아무런 문제가 없는데 주자가 불필요한 일을 했다며 『대학장구』를 비판했다.

『대학』은 경經 1장과 전傳 10장으로 구성되어 있다. 경문은 공자의 말을 제자인 증자가 기술한 것이고, 전문은 증자의 해석을 그의 문인이 기록한 것이라고 전해진다. 이설도 있는데 정확한 사실은 알기 어렵다.

왕양명의 비판은 우선 주자가 『대학장구』에서 제시한 전문의 순서가 옳지 않다는 것이다. 즉 주자는 '격물'을 맨 앞에 제시했는데, 양명은 '성의'부터 설명하는 『대학』 고본의 순서가 옳다고 생각했다. 일단 경문에서 격물이 먼저 등장하고, 또한 주자의 선지후행의 관점에서 보면 격물이 먼저 오는 것이 맞다. 주자는 매우 합리적인 사상가여서 근거 없이 억설을 제시하지는 않았다. 그러나 격물을 도덕적 실천 행위로 보는 양명의 입장에서는 성의가 먼저 오는 것이 타당해 보였다. 또한 성의를 가지고 충분히 설명할 수 있는데 굳이 '경'이라는 새로운 개념을 가지고 올 필요도 없었다고 말한다.

내가 말하는 치지致知·격물格物이라는 것은, 내 마음의 양지良知
를 사사물물에 다한다는 것이다. 내 마음의 양지는 곧 이른바
천리다. 내 마음의 양지인 천리를 사사물물에 다하면, 사사물
물이 모두 그 천리를 얻게 된다. 내 마음의 양지를 다하는 것이
치지이고, 사사물물이 모두 천리를 얻는 것이 격물이다.

『왕양명전집』 1권, 지행록 2, 전습록 중

격물에 대한 왕양명과 주자의 차이점에 대해 말할 때, 보통 격格이라는
글자를 두 사람이 어떻게 해석했는가에 초점을 맞추곤 한다. 그러나 그보
다 더 중요한 것은 격물에 대한 두 사람의 기본적인 이해의 차이다. 양명은
격물을 주자처럼 대상 사물에 대한 인식 행위로 생각하지 않았다. 대상 사
물에 대한 인식 행위는 사물에 내포된 리를 알기 위한 것인데, 양명은 심
즉리라 하여 리는 사람이 본유하고 있는 양지에 이미 갖춰져 있다고 보았
다. 이렇게 되면 격물은 인식 행위가 아니라 본유하고 있는 리를 격물의 대
상에서 실현하는 실천 행위가 된다.

양명의 입장에서 볼 때, 양지만 잘 간직하고 있으면 저절로 천리를 알
수 있기 때문에 양지가 곧 천리라고 했다. 따라서 격물이란 대상에 대한
정보 획득이 아니라 이미 획득되어 있는 천리를 대상 사물에 적용하는 것
이다. 그러므로 사물은 격물을 통해서 천리를 얻게 된다. 그러면 격물을

거치지 않은 사물은 무엇인가? 그것은 천리를 얻은 의미 있는 존재가 아니라 천리와 무관한 무의미한 존재일 뿐이다. 자신이 대나무를 대상으로 격물하다가 실패한 것은 무의미한 존재에서 천리를 구하고자 했기 때문이다. 바로 이것이 양명의 생각이었다.

【양명 7】 원문 38

선생이 말했다. "이것은 이미 사욕에 의해 단절된 것이고 지와 행의 본체가 아니다. 알면서도 행하지 아니하는 사람은 없으니, 알고도 행하지 않는 것은 알지 못하는 것일 뿐이다. 성현께서 사람에게 지와 행을 가르친 것은, 그 본체를 보존하고 회복코자 한 것이지 너희 마음대로 하라고 한 것은 아니었다. 그런 까닭에 『대학』에서 진정한 의미의 지와 행에 대해 사람들에게 예를 들어 설명하기를, '호색을 좋아하듯이 하고 악취를 싫어하듯이 하라'고 했던 것이다. 아름다운 여인을 보는 것은 지에 속하고 아름다운 여인을 좋아하는 것은 행에 속하니, 아름다운 여인을 보는 순간 이미 좋아하는 것이지 보고 나서 다시 좋아하는 마음이 생기는 것은 아니다. 악취를 맡는 것은 지에 속하고 악취를 싫어하는 것은 행에 속하니, 악취를 맡는 순간 이미 싫어하는 것이지 맡고 나서 별도로 싫어하는 마음이 생기는 것은 아니다."

『왕양명전집』 1권, 지행록 1, 전습록 상

왕양명의 제자 서애徐愛(1487~1517)는 지행합일에 대해 충분히 납득하지 못했다. 그는 부모에게 효도하고 형에게 공경해야 함을 누구나 알지만 이를 실천하지 못하는 사람이 있다는 데서, 지와 행은 분명히 두 가지라는 생각이 들었다. 서애는 이 점을 스승에게 질문했는데, 양명의 대답은 위와 같았다.

이 대화는 양명이 지행합일을 설명한 글로 널리 알려져 있다. 대부분의 학자가 이 사례를 들어 양명의 지행합일설을 옹호하거나 비판했다. 과연 양명이 이로써 말하고자 했던 의미는 무엇인가? 그는 지와 행의 개념을 알기 쉽게 설명하고자 아름다운 여인을 보거나 악취를 맡는 것은 지이고, 아름다운 여인을 좋아하거나 악취를 싫어하는 것은 행이라며 예를 들어 설명했다. 그런데 이것의 의미는 대체로 피상적 차원에서 이해되고 있다.

양명의 입장에서 볼 때, 지는 단순히 아름다운 여인을 보거나 악취를 맡는 것과 같은 감각적 판단이 아니라 마땅히 좋아하거나 마땅히 미워해야 할 것이 무엇인지에 대해 올바로 판단하는 것이다. 그 마땅함을 아는 것이 핵심이다. 양명은 마땅함을 아는 것이 모든 사람에게 갖춰진 양지에 의해 보장되어 있다고 했다. 그리고 행은 사욕에 사로잡혀서 잘못된 행위를 하는 것이 아니라 마땅히 좋아할 바를 좋아하고 마땅히 미워할 바를 미워하는 것이다. 아름다운 여인을 보고 마땅히 좋아해야 할 상황이라면 자연히 좋아하게 될 뿐만 아니라 좋아하는 것이 올바른 행위라는 말이다. 악취를 맡고 마땅히 싫어해야 할 상황이라면 자연히 싫어하게 될 뿐만 아니라 싫어하는 것이 올바른 행위라는 말이다. 이것이 그가 말하는 지행합일의 의미다.

따라서 부모에게 효도하고 형에게 공경해야 함을 알고는 있지만 이를 실천하지 못한다는 말은, 그 안다는 것이 양지의 기능이 올바로 작동하여 진정으로 아는 것이 아니라 단순히 사고 능력을 이용하여 그 당위성을 이해하고 있기 때문이다. 사람의 마음에 본유하는 양지의 기능이 올바로 작동하여 부모에게 효도하고 형에게 공경하는 것이 옳음을 알았다면, 마치 아름다운 여인을 보고 좋아하거나 악취를 맡고 싫어하듯이 즉각적으로 실천에 옮겼을 것이 분명하다. 양명이 호색과 악취를 지행합일의 예로 든 것은, 자연적 상태의 마음에 있어서 지와 행의 연동성이 그만큼 긴밀하고 절실하다는 것을 말하고 싶었기 때문일 것이다.

안다는 것에 대한 동양적 성찰

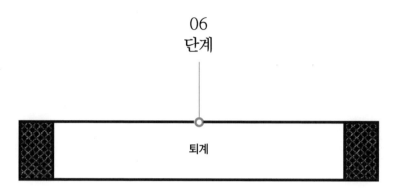

06
단계

퇴계

'격물格物[물을 격호매]'의 주석에 '그 극처極處에 이르지 않음이
없게 하고자 한다'고 했고, '물격物格[물에 격한]'의 주석에 '물리物
理의 극처에 이르지 않음이 없다'고 했습니다. 격格 자에는 궁구
하여 이른다는 뜻이 있는데, 격물은 중점이 궁窮 자에 있기 때문
에 '물을 격호매'라 하고, 물격은 중점이 지至 자에 있기 때문에
'물에 격한'이라고 한 것입니다. 일설에는 '물리의 극처가'라고 하
는데, 이것도 통합니다.

『퇴계집退溪集』 26권, 서書, 「격물물격속설변의, 답정자중格物物格俗說辯疑,
答鄭子中」

앎에 대한 주자의 대표적 이론인 격물론은『대학장구』에 자세히 나와 있다. 그런데 조선의 유학자들은 주자학을 본격적으로 연구하면서『대학장구』에 등장하는 격물과 물격 개념을 둘러싸고 논란을 벌이게 되었다. 특히 논쟁의 중심은 '물격'을 어떻게 이해할 것인가 하는 문제였다.

퇴계 이황은 67세 되던 해에 안동의 제자 정유일鄭惟一(1533~1576)에게 보낸 편지에서 격물·물격 개념을 정리하여 설명한 바 있다. 이는 격물론을 개정하기 전의 퇴계의 입장을 대변하는 것으로 알려져왔다. 그는 격물에 대해서, '격'을 술어(동사)로, '물'을 목적어로 보아 '물을 격하다'로 해석했다. 이 해석은 일반적인 한문의 문리대로 풀이한 것으로 별다른 논란이 없었다. 주로 논란이 된 것은 물격 부분이었다. 물격에 대해 의미를 떠나 문장 그대로 본다면 '물이 격하다'가 되는데, '격'의 의미가 '궁구하여 이르다'라는 뜻이므로 '물이 궁구하여 이르다'가 된다. 그러나 사람이 아닌 사물이 궁구하여 이른다는 것이 과연 사리에 맞는가라는 의문이 생길 수 있다. 따라서 퇴계는 물격을 '물이 격하다'가 아닌 '물에 격하다'로 해석한 것이다. 즉 의미상의 주어를 물이 아닌 사람으로 본 것인데, 이는 앎에 있어서 사람만이 주체가 될 수 있다고 보았기 때문이다.

격물의 중점은 '궁' 자에 있고 물격의 중점은 '지' 자에 있다고 했지만, 이는 궁구하든 이르든 주체는 어디까지나 사람일 수밖에 없다는 생각을 말한 다. '물리의 극처가'라는 해석도 통한다고 하여, 사물을 주체로 보는 관점도 인정했지만 적극적인 동의로 보이지는 않는다. 다만 당시 학계에는 사물을 주체로 보아야 한다는 의견이 있었고, 이를 전적으로 부정하기 어려웠기 때문이 아닌가 생각된다. '물에 격한'으로 보아서 사물에 내재하는 물리에 사람의 의식이 다가간다는 것이 당시 퇴계의 생각이었다.

그러나 내가 일찍이 선유들의 여러 설을 상고하여 보았습니다. 정자는 말하기를, "격은 이르는 것이니 끝까지 캐서 그 극단에 이르는 것이다"라고 했습니다. 주자가 말하기를, "물에 있는 리에 대해 이미 그 끝까지 다가가서 여지가 없는 것이다"라고 했고, 또 "모름지기 사물의 이치를 끝까지 궁구하여 극진한 곳에 이르는 것이다"라고 했습니다. 연평延平은 말하기를, "무릇 한 가지 일을 당하면 그 일에 대하여 반복해가며 미루어 찾아 그 리를 연구하는 것이다"라고 했고, 서산西山은 "천하 사물의 리에 대해 깊이 연구하여 극진한 곳에 이르는 것이다"라고 했습니다. 이것은 모두 리가 사물에 있기 때문에 사물에 나아가서 그 리를 깊이 연구하여 극진한 곳에 이름을 말하는 것입니다. 왜냐하면 리의 측면에서 말하자면 원래 물과 나와의 간격이나 내외內外와 정조精粗의 구분이 없지만, 사물의 측면에서 말한다면 무릇 천하 사물이 실제로 모두 내 밖에 있는 것이니 어찌 리가 하나라고 하여 마침내 천하의 사물이 모두 내 안에 있다고 하겠습니까?

『퇴계집』 26권, 서, 「격물물격속설변의, 답정자중」

퇴계가 앎에 있어서 사람만이 주체가 될 수 있다고 확신했던 배경에는, 사람이 도덕적 세계의 주체가 되어야 한다는 평소 소신과 더불어 주자를 비롯한 중국 성리학자들의 관련 언급을 확인했다는 믿음이 있었다. 그들은 격물이란 사물에 내재하는 리를 끝까지 궁구하는 것이라고 보는 데 대체로 이견이 없었다. 리는 사람이나 사물이나 근원적으로 다르지 않지만, 사물 자체는 어디까지나 내 밖에 존재하는 것이므로 격물과정을 거치지 않고는 알 수 없다는 것이었다. 이런 입장에서 보면 물격에 대한 해석이 그토록 복잡한 양상을 띨 이유는 없어 보인다.

연평은 주자의 스승인 이통李侗(1093~1163)의 호이고, 서산은 진덕수眞德秀(1178~1235)의 호다. 본래 성리학에서는 리일理一의 리와 분수分殊의 리를 동일한 것이라고 보았다. 리일의 리는 우주만물을 포괄하는 하나의 리이고, 분수의 리는 크게 보면 리일의 리에 지배되면서도 사물에 부여된 개별적 리인 것이다. 사람도 일종의 개별적 존재이므로 사람에게도 분수의 리가 부여되어 있으며, 이것이 성性이다. 따라서 자기 내면을 들여다보는 것도 리일의 리를 파악하는 하나의 방법일 수 있지만, 그것은 우주적 차원에서 보았을 때 원리가 그렇다는 말이고 마음 밖에 존재하는 수많은 사물의 리를 내면에서 파악한다는 것은 사실상 불가능한 일이다. 또 성리학자들은 사람이 스스로 자신의 마음을 인식하고자 하는 것은 마음으로 마음을 보겠다는 이심관심以心觀心의 방법으로서 불교에서나 하는 것으로 보았기 때문에 사물에 내재하는 분수의 리를 격물의 대상으로 삼았던 것이다. 그렇게 해서 사물에 내재하는 리에 대한 탐구가 누적되면 리일의 리를 활연관통하게 된다는 말이다. 퇴계도 정유일에게 답변할 당시에는 이런 입장에 서 있었다.

물격에 대한 논란은 이후로도 계속되었던 듯하다. 이 논의에 등장하는 인물은 기대승과 김취려金就礪 같은 학자들이었다. 기대승은 설명할 것도 없이 사칠논변의 상대였던 호남의 수재였고, 김취려는 자가 이정而精이고 호는 잠재潛齋 또는 정암整庵이며, 본관은 경주로 경기도 안산에 살았다. 가정 병술년(중종 21, 1526)에 태어나 퇴계 문하에 들어 천릿길을 배우러 다니는 것을 고생으로 생각하지 않을 만큼 향학의 열정을 지녔던 인물이다.

그들은 물격을 '물에 격한'으로 해석하는 데 끝내 의구심을 품었던 것으로 보인다. 현재 전문가들 사이에는 이러한 의구심이 과연 타당한 문제 제기인가에 대해 여러 견해가 있다. 즉 리는 운동성을 갖지 않는다는 주자학의 일반 원리에 비춰볼 때, 안 해도 되는 의심을 했다는 것이다. 그러나 그것은 리의 운동성을 인정하지 않는 관점이고, 리가 스스로 운동성을 가질 수도 있다고 생각하는 이들에게는 여전히 의문이 남을 수밖에 없었다. 기대승과 김취려 같은 이들이 제기한 의문도 바로 그러한 것이었다.

【퇴계 3】 원문 41

공교함은 사물을 조각함에 있으니
사물이 조각되면 공교함이 나타나고
사물에 대한 조각이 극에 이르면
나의 공교함도 따라서 온전해진다

『고봉속집高峯續集』1권, 존재만록存齋謾錄, 「석물격釋物格」

이 시는 물격을 둘러싼 논란이 한창일 때 기대승이 퇴계에게 보낸 시다. 기대승은 여기서 어떤 사물을 조각하는 행위를 격물에 비유하고 나의 앎知이 진척되는 정도를 조각 솜씨의 공교함에 비유하고 있다. 그래서 조각의 품질이 극단에 이르면 사람의 조각 솜씨도 완벽해진다는 것인데, 문제는 조각의 완벽함이 솜씨에 영향을 끼치는가에 있다. 기대승은 시에서 조각의 수준이 극에 이르면 비로소 조각가의 공교함도 완전해진다고 했기 때문이다. 이에 대해 퇴계는 즉각 반박하는 시를 지어 보냈다.

【 퇴계 4 】 원문 42

> 사람이 공교해야 사물을 조각하지
> 조각이 어찌 사람을 공교하게 할까
> 지知를 일러 격물할 수 있다 한다면
> 비유를 취함 아마 맞지 않으리라
>
> 조각함으로써 지극함에 이르니
> 이르는 것은 어찌 사람이 아니리오
> 사물을 일러 조각의 극에 이른다고 한다면
> 그 말은 너무도 맞지 않으리라

『퇴계집』 5권, 시詩, 「변존재변물리지극처무부도시辨存齋辨物理之極處無不到詩」

안다는 것에 대한 동양적 성찰

퇴계는 조각하는 주체가 사람이므로 결국 조각의 품질이나 솜씨의 공교함 모두 사람에게 달린 문제라고 했다. 그는 이 시에서 지知는 격물의 결과이지 지 자체가 격물하는 것은 아니며, 사물은 사람이 하는 조각의 대상일 뿐 사물 자체가 조각하여 지극함에 이르는 것은 아님을 강조하고 있다. 물격物格과 지지知至를 가지고 말하자면, 둘은 선후 내지 원인과 결과의 관계로서 동시적 관계가 아님을 지적하고 있다. 또 물격과 지지의 주체는 사람으로서 사람이 사물을 대상으로 해서 다가가는 것으로 보아야 하고, 사물이 사람에게 영향을 끼친다고 보는 것은 옳지 않다는 의미로 해석된다. 앎에 있어서 주체는 어디까지나 사람이며 사람 중심으로 앎의 세계가 형성된다고 본 지금까지의 지론을 견지하고 있었던 것이다.

물격에 대한 논란은 계속되었다. 기대승은 주자의 글을 읽고 새로운 영감을 받고 있었다. 그는 주자가 앎의 형성에 있어서 사람과 대상 사물 간의 관계를 어느 일방적 관계가 아닌 상호관계로 보지 않았는가라고 생각했다. 그는 이런 의문을 가지고 사색을 거듭하다가, 사람이 사물을 격물함에 따라 사물에 내재하는 리가 사람의 의식에 이른다는 생각을 굳힌 것으로 보인다.

【퇴계 5】 원문 43

물격에 대해, 주자의 「무신봉사戊申封事」에 '리가 이른다'는 말이 있고, 「발함이 은미하여 보지 못한다發微不可見」 조목 아래 『통서通書』 주에는 '그 만나는 바에 따라서 리가 이르지 않음이 없다'라

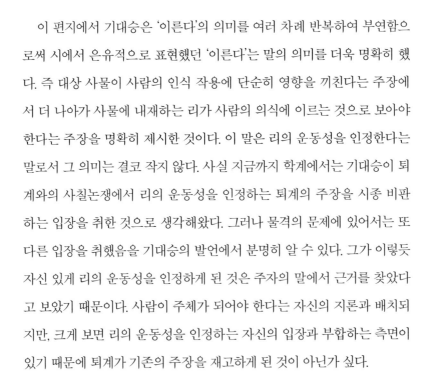

고 했으며, 『대학혹문大學或問』 주에는 '털끝만큼도 이르지 않는 곳이 없다'라고 했습니다. 이러한 말과 글귀를 가지고 거듭 연구해본다면, 리가 지극함에 이른다는 말과 지극한 곳이 이르지 않음이 없다는 말은 제 의견과 같이 해석하는 것도 불가함이 없을 듯합니다.

「고봉집高峯集」 3권, 서, 「답퇴계선생문목答退溪先生問目」

이 편지에서 기대승은 '이른다'의 의미를 여러 차례 반복하여 부연함으로써 시에서 은유적으로 표현했던 '이른다'는 말의 의미를 더욱 명확히 했다. 즉 대상 사물이 사람의 인식 작용에 단순히 영향을 끼친다는 주장에서 더 나아가 사물에 내재하는 리가 사람의 의식에 이르는 것으로 보아야 한다는 주장을 명확히 제시한 것이다. 이 말은 리의 운동성을 인정한다는 말로서 그 의미는 결코 작지 않다. 사실 지금까지 학계에서는 기대승이 퇴계와의 사칠논쟁에서 리의 운동성을 인정하는 퇴계의 주장을 시종 비판하는 입장을 취한 것으로 생각해왔다. 그러나 물격의 문제에 있어서는 또다른 입장을 취했음을 기대승의 발언에서 분명히 알 수 있다. 그가 이렇듯 자신 있게 리의 운동성을 인정하게 된 것은 주자의 말에서 근거를 찾았다고 보았기 때문이다. 사람이 주체가 되어야 한다는 자신의 지론과 배치되지만, 크게 보면 리의 운동성을 인정하는 자신의 입장과 부합하는 측면이 있기 때문에 퇴계가 기존의 주장을 재고하게 된 것이 아닌가 싶다.

안다는 것에 대한 동양적 성찰

(혹자가) 말했다. "물격物格 이후에 지知가 이르고, 지가 이른 후에 뜻이 정성스러워지며, 뜻이 정성스러워진 후에 마음이 바르게 되고, 마음이 바르게 된 후에 몸이 닦이며, 몸이 닦인 후에 집안이 가지런해지고, 집안이 가지런해진 후에 나라가 다스려지며, 나라가 다스려진 후에 천하가 태평해진다 했으니, 무슨 말인가?" (주자가) 말했다. "이 말은 위에 문장의 의미를 반복해서 설명한 것이다. 물격이라는 것은 사물의 리가 각기 그 지극함에 이르러 남음이 없음을 말한다. 사물에 내재하는 리가 이미 그 지극함에 이르러 남음이 없다면, 나의 지知도 또한 (리의) 이르는 바에 따라 다하지 않음이 없다."

『대학혹문大學或問』

기대승, 김취려와 같은 학자들이 물격의 의미에 관해 거듭 의문을 제기한 데에는 나름대로 이유가 있었다. 그중 첫 번째로 중요한 것은 물격에 대한 주자의 발언이었다. 당시 가장 빈번하게 인용되었던 것이 위의 예문에 보이듯 『대학혹문』에 나오는 주자의 말이었다. 『대학혹문』은 『대학』의 내용을 문답식으로 해설해놓은 주자의 대표적인 저술이다.

물격이란 격물의 결과, 사물의 리가 그 지극함에 이른다는 말이라고 했다. 논란의 핵심은 '사물의 리가 그 지극함에 이른다'는 말의 의미가 구체적으로 무엇인가였다. 지극함이란 말이 구체적인 위치나 장소를 의미하지 않고 단계 내지 정도를 뜻한다는 점에서 본다면, 리가 지극함에 이른다는 것은 리에 대한 앎의 정도가 지극한 단계에 이르렀다는 의미로 이해되기도 한다. 실제 율곡이 이렇게 해석했고, 이런 관점에서 물격에 대한 영남 학자들의 논란을 불필요한 것으로 치부했다. 그러니 앞서 인용한 "그 만나는 바에 따라서 리가 이르지 않음이 없다"는 말에서 율곡의 설명만으로는 충분치 않음을 알게 된다. 만남이란 주체와 객체의 만남이다. 주체인 사람의 의식 작용에 객체인 사물의 리가 이름을 의미하는 말로도 해석 가능하다는 것이다. 그렇지 않고 단순히 앎의 정도가 어느 단계에 이르렀음을 표현하고자 했다면, 지가 이른다고 해야지 리가 이른다고 할 이유는 없을 것이다. 이렇게 본다면 기대승 등의 주장이 전혀 근거 없는 것도 아니다.

다른 한편으로 생각하면, 사람이 사물을 인식한다는 것이 과연 사물을 100퍼센트 파악했음을 의미하는 것으로 볼 수 있는가라는 근원적인 의문을 제기할 수 있다. 사람이 모기를 피나 빨아먹고 몹쓸 병이나 옮기는 백해무익한 미물로 생각하는 것은, 과연 모기에 대한 100퍼센트 올바른 앎이라 할 수 있을까? 사람이 만물을 객체로 생각하고 완벽한 앎이 가능하다고 본다면, 리가 이른다는 것을 단지 리에 대한 앎의 정도를 의미하는 말로 단정할 수 있을 것이다. 그러나 진정한 앎을 주체와 객체가 만나는 우주적 이법理─의 현현과 이에 대한 참여의 체험으로 본다면, 기대승을 비롯한 당시 학자들의 문제 제기에 대해 어떤 평가가 가능할까?

안다는 것에 대한 동양적 성찰

'물격'과 '물리의 지극한 곳에 이르지 않음이 없다'는 설에 대해서는 삼가 가르침을 따르겠습니다. 전에 내가 잘못된 설을 고집했던 이유는 단지 주자의 "리는 정의情意도 없고 계탁計度도 없으며 조작造作도 없다"는 설만 지킬 줄 알아서, 내가 궁구하여 물리의 지극한 곳에 이르는 것이지, 리가 어찌 스스로 지극한 곳에 이르겠는가라고 생각해서였습니다. 그렇기 때문에 '물격物格'의 격格(궁구하다)과 '무부도無不到'의 도到(이르다)를 모두 내가 궁구하고 내가 이르는 것으로 보았습니다. 지난번 서울에 있을 때 비록 리가 이른다는 설에 대해 가르침을 주셨고 나 또한 반복하여 생각해보았으나 의혹을 해결하지 못했습니다. 근자에 김이정이 전해준바, 그대가 찾아낸 '리도理到'에 관한 주선생의 언급 3, 4개 조목을 보고 난 후에 비로소 내 견해가 잘못되지 않았는가 두려워지기 시작했습니다. 이에 과거의 견해를 완전히 씻어버리고는 마음을 비우고 뜻을 자세하게 하여 우선 리가 능히 스스로 이를 수 있는 까닭이 무엇인지를 찾아보았습니다. 대개 (주)선생의 설은 보망장 혹문 중에 나타나는 것으로, 이러한 뜻을 해와 별처럼 분명하게 밝혀두었는데, 돌아보건대 나는 늘 그 말을 음미했지만 이러한 이치를 깨닫지 못했습니다. 그 설에서 이르기를, "사람이 학문을 하는 까닭은 심心과 리理일 뿐이다. 심은 비록 일신을 주관하지만 그 체의 허령함은 족히 천하의 리를 관섭하고, 리는 비록 만물에 산재하지만 그 용의 미묘함은 실로 한 사람의 마음에서 벗어나지 않으니 처음부터 내외內外와 정조精粗를 가지고 논할 수 없다"고 했습니다. 그 소주에는 이렇게 말하고 있습니다. "어떤 사람이 묻기를 '용의 미묘함이란 마음의 용입니까?' 하니, 주자가 '리에는 반드시 용이 있으니 어찌 반드시 마음의 용이라고 하는가? 심의 체는 리를 갖추고 있으니 리는 해당되지 아니함이 없고 어떤 사물에도 존재하지 않는 경우가 없지만 그 용은 실로 사람의 마음에서 벗어나지 않는다. 대개 리는 사물에 존재하지만 용은 실제로 마음에 있다네'라고 했다."

그 "리는 만물에 존재하지만 그 용은 실로 한 사람의 마음에서 벗어나지 않는다"고 한 말은, 리는 스스로 작용할 수 없고 반드시 사람의 마음을 기다려야 한다는 의미인 듯하니 '스스로 이른다'고 할 수는 없을 것 같습니다. 그러나 다시 "리에는 반드시 작용이 있으니 어찌 반드시 마음의 용이라고 하는가?"라고 했으니, 즉 그 작용은 비록 사람의 마음에서 벗어나지 않지만 작용하게 하는 바의 미묘함은 실로 리가 발현한 것이 사람의 마음이 이르는 데 따라 이르지 않는 바가 없고 다하지 않는 바가 없는 것입니다. 다만 나의 격물이 지극하지 않을까 걱정할 뿐 리가 스스로 이르지 못할까 걱정하지는 않습니다.

그렇다면 격물이라고 할 때는 내가 물리의 지극한 곳까지 궁구하여 간다는 말이지만, 물격이라고 할 때는 물리의 지극한 곳이 내가 궁구하는 바를 따라 이르지 않음이 없다고 말하는 것이 왜

불가합니까? 이로써 정의·조작이 없는 것은 리 본연의 체이고, 그 발현함에 따라 이르지 않음이 없는 것은 리의 지극히 신묘한 용이라는 것을 알겠습니다. 과거에는 본체가 작용이 없다는 것만 보고 신묘한 용이 능히 드러나 행할 수 있음을 알지 못했으니, 마치 리를 죽은 물건으로 여긴 것과 같으니 도에서 어긋남이 또한 심하지 않겠습니까? 이제 그대가 부지런히 깨우쳐주심에 힘입어 잘못된 견해를 버리고 새로운 뜻을 얻고 새롭게 깨닫게 되었으니 참으로 다행스러운 일입니다.

『퇴계집退溪集』 18권, 서, 「답기명언答奇明彦」

퇴계는 오랜 사색 끝에 죽음을 한 달도 채 남겨두지 않은 시점에서 지금까지의 입장을 수정하지 않을 수 없다는 결론을 내렸다. 원로 학자의 처지에서 본다면 용단이라 하지 않을 수 없는 결정이지만, 옳다고 생각하는 바에 대해서는 다른 것을 돌아보지 않는 성격이었다. 즉 지금까지는 리가 스스로 운동하지 못한다는 주자의 말에 지나치게 얽매여 리가 스스로 자신을 드러내는 측면을 간과했다는 것이다. 그리고 리에는 체의 측면도 있지만 스스로를 드러내는 용의 측면도 있다는 점을 분명히 했다. 리가 스스로 운동할 수 있다는 평소의 지론을 재확인한 것이다.

따라서 물격은 '물에 격한'으로 해석할 것이 아니라 '물이 격한'으로 보아야 한다는 새로운 견해를 제시했다. 물 자체가 이른다기보다는 사람의 의식이 물에 미치면 물에 내재하는 리가 사람의 의식으로 와서 이른다는 의미였다.

이로써 퇴계의 '리가 스스로 이른다'는 리도理到와 '리에는 체도 있고, 용도 있다'는 리유체용理有體用설이 나오게 된 것이다. 이 주장은 그의 사후 숱한 논란에 휩싸였다. 피상적으로 생각하면 죽음을 눈앞에 둔 노학자의 주장에 대한 신뢰성 문제를 제기할 수도 있다. 율곡과 그의 후학들은 리도와 리유체용의 주장이 주자의 설을 오해한 결과라고 비판했다. 과연 퇴계가 리도와 리유체용을 주장한 의도를 어떻게 이해할 수 있을까?

퇴계는 앎이라는 것이 사람의 지적 능력만으로 가능하다고 여겼던 처음의 생각을 바꿨다. 즉 진정한 의미의 앎이란 사람과 사물이 만남으로써 우주의 원리를 체험하는, 우주의 원리가 스스로 모습을 드러내는 장에 사람이 참여하는 것으로 정리한 것이다. 죽음 앞에서 사람의 힘보다는 자연의 섭리에 대한 경외심의 표현이라고 할까? 그렇다고 사람의 노력이 무의미하다는 것은 아니고 여전히 사람이 중요하지만, 사람이 리를 인식하기 위해 격물의 노력을 거듭하다보면 이에 따라 리가 스스로를 드러내는 것이 물격이라고 했다.

【퇴계 8】 원문 46

"리기가 결합하여 마음이 되니, 자연히 허령지각의 신묘함이 있다. 고요하며 뭇 이치를 갖추고 있는 것이 성性이고, 이 성을 온전하게 담아 가지고 있는 것이 마음이다. 발동하여 만사에 대응하는 것이 정情이고, 이 정을 베풀어서 적용하는 것이 또한 마음

안다는 것에 대한 동양적 성찰

이다. 그런 까닭에 마음이 성과 정을 통섭한다고 하는 것이다."

『퇴계집』 18권, 서, 「답기명언(별지別紙)」

　퇴계는 마음의 구조를 '리기의 합'으로 단정했다. 물론 이 정의는 주자학의 기본 입장에서 유무형의 모든 사물을 리기의 결합으로 본 결과다. 그러나 그는 마음의 경우, 여타 사물과 달리 마음만이 갖고 있는 신묘한 능력이 있다고 했다. 과연 마음만이 갖고 있는 신묘한 능력이란 무엇인가? 퇴계는 이 물음에 대해 한마디로 허령지각이라고 답했다.

　퇴계는 인용문에서 마음에는 구중리具衆理·응만사應萬事의 기능이 있다고 했다. 구중리는 말 그대로 '뭇 이치를 갖추고 있다'는 뜻이다. 본연지성을 인정하는 퇴계의 입장에서 보면, 사물에 내재하는 리와 내 마음에 선천적으로 부여되어 있는 리가 근원적으로 동일한 리이기 때문에 이 말도 가능하다. 다른 한편 뭇 사물의 이치를 파악할 수 있는 지각능력을 의미한다고도 볼 수 있다. 뭇 사물에 대한 이치를 파악할 수 있다는 것은 뭇 사물에 대한 이치를 내 마음속에 갖추고 있는 것과 마찬가지이기 때문이다.

　응만사는 '만사에 대응한다'는 말이다. 그것은 바로 만물의 이치를 파악하여 어떤 상황에서 리가 올바로 실현될 수 있도록 대응하는 일이다. 그렇다면 허령지각이란 내 마음속에 있는 리와 만사만물의 리가 하나로 통합됨으로써 궁극의 진리, 즉 천리가 실현되는 것이다. 이러한 과정이 올바로 이뤄질 수 있도록 하는 것이 마음이 성과 정을 통섭하는 것心統性情이다. 심통성정은 중국 북송의 유학자 장횡거가 제시한 개념인데, 퇴계는 주자의 해석에 입각하여 이해했다. 퇴계는 마음의 허령지각이 가능하도록 하는 데 무엇보다 중요한 것은 마음의 '통섭'능력을 배양하는 일이라고 보았다.

【퇴계 9】 원문 47

대개 사람의 마음이 형기形氣에서 발한 것은 배우지 않아도 저절로 알고 힘쓰지 않아도 저절로 능하여 좋아하고 싫어하는 바와 겉과 속이 한결같다. 그러므로 아름다운 여인을 보기만 하면 곧 그것이 좋은 줄 알고 마음으로 그것을 좋아하며, 악취를 맡기만 하면 곧 그것이 나쁜 줄 알아 마음으로 그것을 싫어하니, 비록 행行이 지知에 깃들어 있다고 해도 가하다. 그러나 의리에 이르면 그렇지 아니하니, 배우지 않으면 알지 못하고 힘쓰지 않으면 능하지 못한다. 겉으로는 행하는 사람도 반드시 속으로 성심을 다하지 아니하니, 그런 까닭에 선을 보고도 선인 줄 모르는 사람도 있고, 선인 줄 알고도 마음으로 좋아하지 아니하는 사람도 있으니, 그것을 두고 선을 보았을 때 이미 저절로 좋아한다고 하면 옳은가? 선하지 않은 것을 보고 악인 줄 알지 못하는 사람도 있고, 악인 줄 알고도 마음으로 싫어하지 아니하는 사람도 있으니, 그것을 두고 악을 보았을 때 이미 저절로 싫어한다고 하면 옳은가? 그러므로 『대학』에서 겉과 속이 한결같이 좋아하고 싫어하는 것을 빌려서 배우는 사람으로 하여금 스스로 속이지 않도록 권면하는 것은 가하지만, 양명이 저 형기形氣의 일을 가지

안다는 것에 대한 동양적 성찰

고 이 의리義理의 일을 증명하려고 하는 것은 크게 불가하다. 그러므로 의리에 있어서 지와 행은, 합쳐서 말하자면 모름지기 병행하여 하나라도 빠져서는 안 되고, 나누어서 말하자면 지를 행이라 해도 안 되고 행을 지라 해도 안 되니 어찌 합쳐서 하나라고 할 수 있겠는가?

『퇴계집』 41권, 잡저雜著, 전습록 논변論辯

왕양명의 어록인 『전습록』이 조선에 전해졌을 때, 퇴계는 그의 주장을 조목조목 비판했다. 어떤 연구자들은 양명학이 조선에 발붙이지 못한 데에는 퇴계의 책임이 컸다고 보기도 한다. 아주 틀린 말은 아니다. 그런데 퇴계 입장에서 보면, 앎을 위한 노력을 부정하는 양명의 주장은 도저히 용납할 수 없었다. 그는 양명이 주장한 지행합일에 대해, 감각적인 사안에 대해서는 가능한 얘기지만 도덕적 가치 판단이 개입되는 사안에 있어서는 맞지 않는다고 비판했다.

즉 아름다운 여자, 악취 등은 감각적 감정을 요하는 문제로서 퇴계는 이를 형기形氣에 관련된 일이라고 정의했다. 이 경우 그것을 지각하는 순간 좋아하거나 싫어하는 감정이 생긴다고 볼 수 있다. 엄격히 말하면 이 경우도 미세한 시간의 차이가 있지만 거의 동시라고 할 수 있다는 것이다. 그러나 가치 판단을 요하는 도덕적 문제에 대해서는 의리義理에 관련된 일이라고 정의하고, 이 경우에는 그렇게 즉각적인 행동으로 연결되는 것이 불가능하다고 했다. 왜냐하면 여기에는 쉽게 판단할 수 없는 사안이 숱하기 때문이다. 예나 지금이나 윤리적인 판단이 개입되는 사회적 문제에는 늘 논란이 따랐고, 끝내 결론을 내리지 못할 때는 후세의 판단에 맡기기도 한다. 이런 측면에서 본다면 퇴계는 양명이 제시한 사례에 대해 적절한 비판을 했다고 볼 수 있다.

일부에서는 퇴계가 『전습록』의 내용을 전부 파악하지 않았다고 주장하기도 한다. 사실 양명의 지행합일설은 실천은 멀리한 채 탁상공론만 일삼는 주자학의 말폐末弊를 비판하는 데 목적이 있었다. 그렇다면 이러한 취지를 증명하기 위한 예로서 그가 제시한 아름다운 여인이나 악취의 사례가 과연 적절했는가 하는 의문이 생긴다. 양명의 관점에서 본다면, 지행합일은 어디까지나 양지의 기능이 올바로 발휘되었을 때 가능하다. 즉 마음이 갖고 있는 본래적 양지의 기능이 충분히 발휘되었을 때 진정한 앎이 이뤄지고, 이 경우 앎의 결과는 마치 아름다운 여인을 보고 좋아하는 감정이 생기듯이 반드시 실천으로 연결된다는 것이다.

그러나 퇴계는 앎에 있어서 마음이 갖고 있는 인식능력도 중요하게 보는 동시에 인식의 대상인 사물에 내재하고 있는 리의 작용 역시 중요하게 여겼다. 죽음을 앞두고 입장을 바꾼 것도 그 때문이었다. 그는 진정한 앎이란 주체와 객체가 하나 되었을 때 이뤄지는 허령지각이라고 보았다. 그런 까닭에 마음의 양지능력만 발휘하면 올바른 앎이 가능하다는 왕양명의 주장을 도저히 받아들일 수 없었던 것이다.

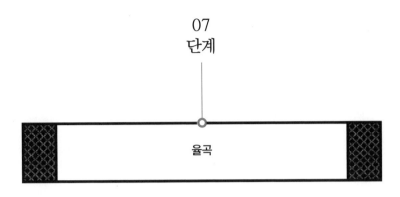

07
단계

율곡

율곡은 성혼에게 보내는 편지에서 앎의 단계를 세 가지로 설명했다. 즉 안다고 해서 다 똑같은 것이 아니라는 말인데, 요컨대 남에게 들어서 아는 것, 직접 보고 아는 것, 단순히 보는 데서 그치지 않고 직접 체험해보고 아는 것이 그것이다. 그리고 이 가운데 마지막 단계야말로 참으로 아는 것, 즉 진지眞知라고 했다.

【율곡 1】 원문 48

사람이 안다는 것에는 세 가지 층이 있다. (…) 비유컨대 여기에 높은 산이 하나 있어 정상의 경치가 말할 수 없이 절묘하다고 하자. 어떤 사람은 그 산이 있는 곳도 알지 못하고 다만 남의 말만 듣고 믿기 때문에, 남이 정상에 물이 있다고 하면 또한 물이 있는 줄로 여기고, 남이 정상에 돌이 있다 하면 또한 돌이 있는 줄로

여긴다. 자기가 보지 못하고 단지 남의 말만 좇으면 다른 사람이 혹 물이 없고 돌이 없다 해도 또한 그 말이 거짓인지 참인지를 알지 못한다. 사람의 말은 한 가지가 아닌데 내가 보는 것이 일정함이 없으면 사람을 가려 그 말을 좇지 않을 수 없다. 사람이 만약 믿을 만한 이라면 그 말 또한 믿을 만하다. 성현의 말은 반드시 믿을 만하기 때문에 여기에 따르고 어기지 못한다. 그러나 그 말을 좇아도 그 뜻이 있는 곳을 알지 못하기 때문에 남이 혹 믿을 만한 사람의 말을 잘못 진달하더라도 좇지 않을 수 없는 것이다. 지금 학자들이 도道를 보는 바가 또한 이와 같다. 한갓 성현의 말만 좇고 그 뜻을 알지 못하기 때문에, 혹은 그 본뜻을 잃은 자도 있고 혹은 기록이 잘못된 것을 보고도 오히려 끌어다가 억지로 합하여 좇는 자도 있으니, 자기가 보지 못한 까닭에 그 형세가 그렇게 되지 않을 수 없다. 어떤 사람은 다른 사람이 가리키는 대로 그 산이 있는 곳을 알고 머리를 들어 바라보니 정상의 절묘한 경치가 눈에 환하게 가득 찬다. 자기가 직접 보았으니 다른 사람이 잘못 전한다 해도 어찌 그를 동요케 할 수 있겠는가? 이에 그 절묘한 경치를 즐거워하여 반드시 몸소 그 지경을 밟고자 정상에 오르려 하는 자도 있고, 또 이미 그 경치를 보고 나서 스스로 즐겁게 여기면서 다른 사람들이 하는 말만 듣고 따라하는 것을 내려다보면서 자기도 모르게 손뼉 치며 크게 웃고 이로써 만족하면서 산에 오르지 않는 자도 있다. 그러나 바라보는 사람 중에도 또한 차이가 있다. 동쪽에서 그 동쪽 편만 본 사람도 있고,

서쪽에서 그 서쪽 편만 본 사람도 있으며, 동서에 구애받지 않고 그 전체를 본 사람도 있으니, 비록 부분과 전체의 차이는 있으나 이는 모두 스스로 본 것이다. 자기가 보지 못하고 남의 말만 좇는 자는 비록 전체를 말한다 하더라도 자기 말이 아니니, 앵무새가 사람의 말을 전하는 것과 같다. 어찌 일면이라도 직접 본 사람의 마음을 굴복시킬 수 있겠는가?

또 어떤 사람은 이미 절묘한 경치를 바라보고 한없이 즐거워하여 옷을 걷고 활보하여 부지런히 산에 올라가는데, 짐은 무겁고 길은 먼 데다 체력에는 한계가 있어 정상까지 다 올라가는 이는 드물다. 이미 그 정상까지 다 오르면 절묘한 경치가 모두 내 것이 되니 (밑에서) 바라보는 것에 비할 바가 아니다. 그러나 정상에 오르는 것 중에도 또한 차이가 있다. 그 동쪽 편만을 바라보고 동쪽 편으로 오른 사람도 있고, 또 서쪽 편만을 바라보고 서쪽 편으로 오른 사람도 있으며, 그 전체를 바라보고 올라가보지 않은 데가 없는 사람도 있으니, 한쪽 편으로만 오른 사람은 비록 정상까지 올랐다 하더라도 산에 오르는 지극한 공은 되지 못한다.

대개 이처럼 세 가지 층이 있는데 그 중간의 곡절은 낱낱이 헤아릴 수 없으니, 먼저 그 산이 있는 곳을 알고서 비록 바라보지는 못한다 하더라도 산에 오르기를 그치지 않아서, 하루아침에 정상에 이르면 발과 눈이 함께 이르러 문득 내 것이 되는 사람이 있다. (증자의 부류) 또 그 산이 있는 곳을 알지 못하고서 우연히 산길을 가다가 비록 산에 오를 수는 있었으나 본래 산을 알지 못하고 또 정상을 바라보지도 못했기 때문에 끝내 정상에 이르지 못한 사람도 있다. (사마온공의 부류) 이와 같은 종류를 어떻게 다 들 수 있겠는가? 이것으로 비유해보면 지금의 학자들은 대개 남의 말을 좇는 사람들이다. 비록 말에는 문제가 없으나 남의 것을 모방하여 흉내 내는 데 지나지 않는다. 그러나 남의 것을 모방하고 흉내 내는 중에는 말에 있어서 문제없는 경우를 거의 볼 수 없으니, 더욱 한탄할 일이다.

『율곡전서栗谷全書』 10권, 서2, 「답성호원答成浩原」

　　누구에게나 앎의 궁극적인 목표는 진지다. 율곡은 진지를 위해서는 그것을 현실에 적용하여 실행하는 과정이 있어야 한다고 보았다. 현실에서 적용과정을 거침으로써 관념상의 앎이 아닌 삶의 지침이 되는 진정한 앎이 된다는 것이다. 율곡은 여기서 실천의 요소를 진지를 위한 필수과정으로 언급하고, 실제 체험을 통한 앎이야말로 진정한 앎임을 강조함으로써 앎에 대한 그의 기본 입장을 압축적으로 제시하고 있다. 또한 이 편지는 진정한 앎이란 무엇인가에 대한 율곡 자신의 입장을 제시함과 동시에 은근히 퇴계를 비판한 내용이어서 주목된다. 그는 정암 조광조, 퇴계 이황, 화담 서경덕 세 학자를 들어 그 학문의 정도를 평가했는데, 조정암을 최고로 쳤고 다음이 이퇴계이며 서화담을 마지막으로 보았다. 정암과 화담은 스스로 깨친 바가 많고, 퇴계는 한결같이 주자의 설에 의존하는 측면이 있다고 평가했다.

격格 자에는 '궁구하다窮'의 뜻과 '이르다至'의 두 가지 뜻이 있는데, 격물의 격에는 궁구한다는 의미가 많지만 물격의 격은 단지 이른다는 의미일 뿐이다.

『율곡전서』 19권, 성학집요聖學輯要 1, 통설 제1

앎과 관련하여 『대학』에 등장하는 격물을 어떻게 해석하는가 하는 문제는 늘 쟁점이 되었다. 율곡은 주자가 격에는 궁구한다는 의미와 이른다는 의미가 있다고 한 것에 대체로 동의하면서, 격물이라고 할 때의 격에는 궁구한다는 의미가 크지만, 물격이라고 할 때의 격은 단지 이른다는 의미일 뿐이라고 했다.

율곡의 이러한 해석은 주자나 퇴계의 것과 크게 다르지 않다. 그 차이는 궁구함과 이름의 주체를 무엇으로 볼 것인가에 있었다. 율곡은 궁구함이란 인식의 주체인 사람이 사물을 대상으로 사물에 내재하는 리를 인식하는 것이라고 했다. 사람이 주체가 되어 사물의 리를 궁구한다는 것이다. 반면 이름이란 사물에 내재하는 리가 극처에 이르는 것으로 보았다. 이 경우 주체는 사람이 아닌 사물에 내재하는 리가 되는데, 이 부분에 있어서는 논란이 있을 수 있다. 율곡은 리의 운동성에 대해서는 철저히 부정했기 때문에, 사물의 리가 극처에 이른다는 말은 엄격한 의미에서 모순이 된다. 주자의 본래 의도는 리 자체가 극처에 이른다기보다는 격물의 결과 리에

대한 앎의 정도가 극처에 이른다는 의미가 아니었나 생각되지만, 다음에
나오는 예문에서 보듯이 율곡은 이러한 해석에 대해 반대 입장을 분명히
했다.

【율곡 3】 원문 50

> 율곡 선생이 일찍이 물격의 의미에 대해 논하여 말하기를, "정자
> 와 주자가 모두 격格을 '이르다至'라고 했으니, 이에 의거하여 논
> 한다면, 격물이라고 하는 것은 사람이 사물의 리를 궁구하여 남
> 음이 없는 곳에 이르는 것이요, 물격이라고 하는 것은 사물의 리
> 가 이미 남음이 없는 곳에 이르러 다시 궁구할 여지가 없는 것이
> 다"라고 했다. 이 설이 통쾌하고 시원하여 충분히 명백한데도,
> 나중에 여러 설이 분분했고, 심지어 사물의 리가 내 마음에 이
> 른다는 설까지 나왔으니 도대체 무슨 소린지 모르겠다.
>
> 『율곡전서』 32권, 어록語錄 하

격물과 물격은 조선 성리학계에서 오랫동안 논란의 대상이 되었다. 중
국의 주자와 왕양명은 격물 자체에 대해 선명하게 대립되는 입장으로 맞
섰지만, 주자학을 전면적으로 받아들인 조선 유학계에서는 격물 자체를
둘러싸고 특별히 논란을 빚지는 않았다. 다만 물격을 어떻게 해석할 것인
가에 대해서는 수많은 논쟁이 있었다. 그것은 무엇보다 주자 자신이 격格

의 의미에 대해 이르다至로 정의해놓았던 까닭에 물격을 글자 그대로 해석하면 '사물(혹은 사물의 리)이 이르다'가 되어 마치 리가 운동성을 갖는 것처럼 해석되기 때문이었다.

그렇다면 율곡은 물격의 의미에 대해 어떤 입장을 취했는가? 율곡은 격을 '이르다'라고 보았기 때문에, 물격은 말 그대로 사물의 리가 이른다는 의미가 된다. 그런데 이럴 경우 리의 운동성을 인정하는 것이 되므로 율곡의 입장과 모순된다. 그러니 율곡의 입장이 궁금하지 않을 수 없다. 그는 제자들과 강론하는 자리에서 다음과 같이 말한 바 있다.

【율곡 4】 원문 51

일찍이 율곡 선생에게 물었다. "물격이라고 하는 것은 사물의 리가 극처에 이른 것입니까, 나의 지知가 극처에 이른 것입니까?" (선생이) 대답했다. "사물의 리가 극처에 이른 것이다. 만약 나의 지가 극처에 이른 것이라면, 이것은 지지知至이지 물격이 아니다. 물격과 지지는 다만 한가지일 뿐인데, 사물의 리를 가지고 말하자면 물격이라 하고, 나의 마음을 가지고 말하자면 지지라고 하니, 두 가지 일이 아니다."

『율곡전서』 32권, 어록 하

> 물격은 사물의 리가 다 밝혀져 남음이 없는 것으로서, 사물의
> 이치가 극처에 이른 것이다. 이것은 사물을 위주로 하여 말한 것
> 이다. 지지知至는 사물의 이치가 다 밝혀져 남음이 없게 된 연후
> 에, 나의 지知 역시 따라서 극처에 이른 것이다. 이것은 지를 위
> 주로 말한 것이다.
>
> 『율곡전서』 32권, 어록 하

이상에서 율곡의 언급을 종합해보면, 그는 물격과 지지를 분명히 구분
하면서 물격이란 '사물의 리가 이른' 것임을 누차에 걸쳐 언급했다. 이렇게
보면 물격의 주체는 사물 혹은 사물에 내재하는 리가 된다. 그리고 지지는
사물의 리가 극처에 이름으로써 이에 대한 '사람의 앎이 따라서 극처에 이
른' 상태라고 했다. 이렇게 보면 그 주체는 자연히 사람이 된다. 또한 물격
과 지지는 분명하게 구분되는 것으로 보인다. 그러나 사물에 내재하는 리
가 극처에 이른다는 말이 과연 어떤 의미를 지닐 수 있을까? 리가 운동성
을 갖는다는 말인가? 설사 리가 운동성을 갖는다 해도, 리가 극처에 이른
다는 것이 무슨 의미를 가질 수 있을까?

결국 리가 극처에 이른다는 말은, 리가 실제로 움직여서 이른다기보다
격물이 완수되어 격물의 대상이 되는 사물의 리가 남김없이 밝혀진 상태
를 의미할 뿐이다. 따라서 율곡은 물격과 지지는 결과적으로 같은 내용이

며, 다만 물격은 인식 대상이 되는 물리의 관점에서 말한 것이고 지지는 인식 주체인 사람의 입장에서 말한 것으로 정리했다. 율곡의 후학들은 이 같은 스승의 설을 전폭적으로 지지하면서, 물격에 대한 논란이 계속되고 심지어 리가 스스로 내 마음에 이른다는 주장까지 나왔으니 이해할 수 없다고 했다. 그것은 실상 리자도理自到를 주장한 퇴계를 두고 한 말이었다.

무릇 사람은 천지를 지배하는 원리를 본성으로 삼았고 천지에 가득 채운 기운으로 형체를 삼았다. 그런 까닭에 내 마음의 작용은 곧 천지의 변화다. 천지의 변화에 두 가지 근본이 없으니, 따라서 내 마음이 발함에 있어서도 두 가지 근원이 없다.

『율곡전서』 10권, 서 2, 「답성호원」

율곡은 사람이 천지의 모든 존재와 마찬가지로 리기理氣가 합쳐져서 생겨났다고 보았다. 즉 천지를 지배하는 리기의 일반적인 법칙이 사람에게도 그대로 적용된다고 여겼다. 이런 생각은 모든 성리학자가 지녔던 일반적 관점이었다. 결국 앎의 문제도 천지를 지배하는 일반적인 법칙을 어떻게 보는가의 문제, 즉 리기론에 따라 결정될 수밖에 없게 된다.

율곡은 사람의 심적 작용도 천지의 변화 가운데 일부이므로 심적 작용의 원리 또한 우주의 일반적 변화의 원리와 다를 이유가 없다고 했다. 즉 리기의 일반 원리가 그대로 마음에도 적용된다는 말이다. 천지의 변화에 두 가지 근본이 없다는 말은, 마음의 변화를 주재하는 근본은 기가 아닌 리라는 의미다. 또 내 마음이 발함에 두 가지 근원이 없다는 말은, 실제 발하는 것은 리가 아닌 기라는 의미다. 요컨대 발하는 것은 기이고 발하게 하는 것은 리이다.

【율곡 7】 원문 54

또한 주자는 "심의 허령지각은 하나일 뿐인데, 어떤 것은 성명의 올바름에 근원을 두고 어떤 것은 형기의 사사로움에서 생겨난다"라고 했다. 일단 심心 자만 두고 말한다면, 심은 기氣다. 근원하기도 하고 생겨나기도 하는 것이 모두 심이 발한 것이 아닌 게 없는데, 어찌 기발氣發이 아닌가? 심 가운데 있는 리는 성性이다. 심이 발하는데 성이 발하지 않을 이치가 없으니, 어찌 리승理乘이 아닌가? 근원한다는 것은 그 리의 특징을 가지고 말했고, 생겨난다는 것은 그 기의 특징을 가지고 말한 것이니, 당초 리와 기의 두 가지 길이 있었던 것은 아니다. 말로 표현하여 사람을 가르칠 때 부득이 이와 같이 한 것인데, 배우는 사람이 오해할 것이라고는 주자도 미리 헤아리지 못했다. 이와 같이 볼 때, 기가 발하고 리가 탄다氣發理乘는 설과 혹은 근원하고 혹은 생겨난다或原或生는 설 사이에 과연 무슨 모순점이 있는가? 이렇게 변설해도 합치되지 못한다면 끝내 서로 합치하지 못할까 걱정이다. 퇴

안다는 것에 대한 동양적 성찰

계가 말한 호발互發이라는 두 글자는 말실수라기보다는 아마 리와 기가 서로 분리되지 않는 미묘함을 깊이 이해하지 못한 것이 아닌가 생각된다.

『율곡전서』 10권, 서 2, 「답성호원」

율곡은 심을 기로 정의했다. 그러나 동시에 심 가운데 있는 리가 곧 성이라 하여, 마음에는 리가 기본적으로 갖춰져 있음을 인정했다. 율곡이 마음을 기로 보았는지, 리기의 합으로 보았는지의 논란이 생기는 이유다. 그는 모든 사물과 마찬가지로 마음에 대해서도 원칙적으로 리기의 합으로 보았다. 그렇기 때문에 기발리승의 주장도 나올 수 있는 것이다. 만약 마음을 단지 기로 보았다면 기발리승의 주장은 애초에 나올 수 없었을 것이다.

그러나 그는 마음에 있어서 발하기 이전의 성을 지키고 보존하는 작용보다 발한 이후의 지각 작용에 더 관심을 두었다. 그는 발하는 것은 오직 기氣일 뿐이라고 하는 생각을 확고히 가지고 있었고, 이렇게 볼 때 구체적인 사물을 대상으로 지각하는 것이 마음의 본질이라고 생각했다. 마음속에 성이 갖춰져 있다고 했지만, 성은 마음속에 갖춰져 있을 뿐 그 자체가 마음의 핵심이라고 생각하지는 않았던 것으로 보인다. 마음의 핵심은 지각 작용이라고 본 것이다. 이렇게 본다면, 율곡은 역시 '심시기'의 입장에 섰다고 보는 것이 타당하다. 실제로 율곡의 후학들 다수 역시 마음에 대한 율곡의 입장이 '심시기'였다고 생각했다.

"마음이 지각하는 것은 기입니까, 리입니까?"(선생께서) 말했다. "지각하는 것은 기이고, 지각할 수 있도록 하는 것은 리이다."(내가) 말했다. "지각은 지智의 범주에 속합니까?"(선생께서) 말했다. "지각은 마음에 인의예지의 성性이 모두 구비되어 있는 까닭에 사단에 해당되는 정情이 상황에 따라 발현되는 것이니, 이것은 마음이 지각하는 것이다. 만약 지각을 단지 지智에만 소속시킨다면, 인의는 쓰임이 없게 된다."

『율곡전서』 31권, 어록 상, 「김진강소록金振綱所錄」

마음은 리기로 구성되어 있다는 율곡의 총괄적 정의에도 불구하고, 마음에 관한 율곡의 입장이 무엇이었는지에 대해서는 전문가들 사이에서도 이견이 있다. 대체로 학계에서는 율곡이 '심시기心是氣', 즉 마음을 기氣로 보는 입장이었다고 본다. 그러나 일부 학자는 율곡도 퇴계와 마찬가지로 '심합리기心合理氣', 즉 마음을 리기의 결합으로 보았다고 주장하기도 한다.

율곡은 마음이 지각을 함에 있어 지각하는 것은 기이고, 지각을 가능케 하는 원인자는 리라고 하여, 마음이 리기의 합임을 재확인했다. 이것을 보면 율곡도 마음을 리기의 합으로 보았다고 할 수 있다. 그런데 왜 지금까지 학자들은 마음에 대한 율곡의 입장이 '심시기'였다고 생각하게 되었을까?

율곡은 마음을 무엇보다 지각의 주체로 보았다. 율곡은 지각 작용을 단순히 지智의 발현이라고 여기지 않았다. 지각은 인의예지의 본성이 상황에 맞게 발현되어 나타나는데, 그 결과가 모두 합쳐져서 지각을 형성한다고 보았다. 즉 지각이란 인의예지의 모든 방면에서 이뤄지는 앎을 종합적으로 일컫는 말이다. 그리고 이러한 지각을 주관하는 것이 마음이라고 보았기 때문에, 마음을 주로 지각을 주관하는 측면에서 '심시기'로 말한 것이다.

【율곡 9】 원문 56

대개 사람의 지각은 정기에서 나온다. 이목의 총명함은 백魄의 신령스러움이요, 마음이 사려를 담당하는 것은 혼魂의 신령스러움이다. 총명함과 사려함은 기요, 그것이 총명하게 하고 사려하게 하는 것은 리이다. 리에는 지知가 없고 기에는 지가 있다. 그런 까닭에 귀가 있어야 소리를 들을 수 있고, 눈이 있어야 색을 볼 수 있으며, 마음이 있어야 사려할 수 있다. 정기가 한번 흩어지면 귀는 들을 수 없고, 눈은 볼 수 없으며, 마음은 사려할 수 없으니, 모르겠으나 어떤 것에 어떤 지각이 있다는 말인가?

『율곡전서』, 습유拾遺, 4권, 잡저雜著 1, 「사생귀신책死生鬼神策」

율곡은 앎을 지각으로 설명했다. 지각 작용을 하는 것은 기이고, 지각 작용을 할 수 있는 근거는 리에서 나온다고 했다. 마음을 리기의 결합으로 본 결과다. 그러나 지각 작용의 근거가 리에 있다고 해도 리는 다만 근거일 뿐이고 지각 자체는 기에 의해 이뤄진다고 했다. 이러한 생각은 리에는 지각이 없고 기에는 지각이 있다는 말에서 단적으로 드러난다.

율곡은 지각을 눈으로 보거나 귀로 듣는 것과 같은 감각적 지각과 사려와 같은 심적 지각으로 구분했다. 감각적 지각만으로는 불충분하고 심적 지각만으로도 불충분하다. 감각적 지각의 결과를 바탕으로 심적 지각을 거친 뒤에 비로소 올바른 앎이 가능하다고 보았다. 중요한 점은 감각적 지각이든 심적 지각이든, 지각은 기의 작용이라는 것이다. 지각은 혼백魂魄의 신령스러운 작용인데 혼백 자체가 운동성을 지닌 기이기 때문이다. 율곡은 올바른 앎을 위해서는 감각적 지각을 바탕으로 해야 한다고 보았다.

앎은 감각적 지각에서 출발한다고 한 율곡의 말은 중요한 의미를 지닌다. 왜냐하면 일반적으로 성리학에서는 감각적 지각이 본성의 도덕적 완전성을 손상시키는 요소로 인식되어왔기 때문이다. 성리학의 영역에서 감각의 지위에 대한 새로운 조명으로 평가받을 수 있는 이 말은 지각을 기의 작용으로 본 결과다. 또 마음의 기능을 감각적 지식을 바탕으로 하는 사려 작용으로 파악함으로써, 마음의 작용을 미발 단계의 함양보다는 발한 이후의 지각 측면에 치중했다는 점도 의미가 있다. 순자는 사람의 본성을 악한 것으로 보았기 때문에 후천적 교육의 중요성을 강조했는데, 율곡의 경우 본성을 악한 것으로 보진 않았지만 발한 이후의 지각을 중시함으로써 지각을 통한 학습의 중요성이 부각되는 측면이 있다. 따라서 지각을 통해 구체적인 현실을 인식하는 것이 앎의 중요한 목표가 된다.

신은 또 생각건대, 성의誠意는 수기修己와 치인治人의 근본입니다.
지금 비록 따로 한 장章을 만들어 그 대개를 진술했습니다만, 정
성스럽게 한다는 뜻은 실로 상하의 모든 장을 꿰뚫고 있습니다.
만일 정성스럽지 않으면 뜻을 세우지 못하고, 정성스럽지 않으면
리를 인식하지 못하며, 정성스럽지 않으면 기질을 변화시킬 수
없으니, 다른 것은 미루어 알 수 있습니다.

『율곡전서』 21권, 성학집요聖學輯要 3, 수기 제2 중, 성실장誠實章 제5

　　율곡은 1575년(선조 8) 임금에게 바친 『성학집요』에 성실誠實장을 새로
만들고 성誠의 중요성을 강조했다. 마치 주자가 보망補亡장을 새로 만들어
격물의 문제를 중점적으로 다룬 사실을 연상시킨다. 없던 것을 새로 만들
었다는 것은 그만큼 중점을 두고 있었음을 뜻한다. 율곡은 여기서 성의誠
意는 수신·제가의 근본이며, 특히 기질의 변화 여부가 성의에 달려 있다고
했다. 지각을 기의 작용으로 보는 율곡에게 기질의 변화는 학문의 성패를
결정하는 중요한 요소였다.
　　『대학』 8조목에서 격물·치지와 성의·정심 가운데 어느 것이 중요할까?
물론 8조목이 격물-치지-성의-정심 등의 순서로 되어 있으니 이로써 본
다면 격물·치지가 우선이라고 해야 할 것이다. 그러나 일반적으로 공부할
때 격물·치지와 성의·정심 가운데 어느 쪽에 먼저 힘쓸 것인가라고 묻는

다면, 사람에 따라 생각이 다를 수 있다. 격물·치지를 앞세운 것은 고본 『대학』의 관점이었고, 『대학』을 독립시킨 주자도 이 입장에 공감했다고 볼 수 있다. 그러나 이미 언급한 바와 같이, 격물·치지를 잘하기 위해서는 먼저 성의·정심이 이루어져야 한다고 생각할 수도 있다.

율곡도 『성학집요』에서 정자의 말을 인용함으로써 『대학』에 설정되어 있는 8조목의 순서를 그대로 받아들였다. 그러나 정성스럽지 않으면 리의 격물도 불가능하고 기질의 변화도 불가능하다고 하는 성실장의 언급은, 율곡이 성의를 실질적으로 격물·치지의 성패를 결정하는 요소로 보았음을 알 수 있다. 성의는 말 그대로 뜻을 정성스럽게 한다는 것인데, 성리학에서 의意는 성性이 발한 이후에 마음이 움직이는 것을 가리키는 개념이다. 한마디로 발한 이후의 마음을 정성스럽게 하는 것이 성의다. 요컨대 성誠은 발한 이후를 대상으로 하여, 미발未發과 이발已發의 단계를 모두 대상으로 하는 경敬과는 다른 점이 있다.

물론 율곡도 정주학을 계승한 학자로서 기본적으로 경을 중시했다. 그러나 그가 앎의 문제에 있어 성이 발한 이후의 지각에 중점을 두었다는 것은 상대적으로 성에 무게중심을 두었음을 의미한다. 이 점은 경敬을 중시한 퇴계와 분명히 차이가 있다. 퇴계는 미발과 이발, 우주의 원리와 인간의 원리를 통일적으로 소통시키고자 했던 반면, 율곡은 사람이 살아가는 구체적 현실에 관심이 많았다. 율곡은 이를 위해 무엇보다 뜻을 성실하게 가져야 한다고 했고, 이를 통해 기질을 변화시킬 수 있다고 보았다. 기질이 바뀌어야 올바른 지각도 가능하게 된다. 지각은 기의 소관이라고 보았기 때문이다. 그리고 올바른 지각은 구체적 현실을 반영하고 있는 앎이다. 율곡은 현실 경험에 바탕을 둔 앎이야말로 올바른 앎이라고 보았다.

3장

智

원문

智

【논어 1】원문 1

曰, 滔滔者天下皆是也, 而誰以易之. 且而與其從辟人之士也, 豈
若從辟世之士哉. 耰而不輟. 子路行以告. 夫子憮然曰, 鳥獸不可
與同群, 吾非斯人之徒與而誰與. 天下有道, 丘不與易也.(『論語』
「微子」)

【논어 2】원문 2

子曰, 學而時習之, 不亦說乎.(『論語』「學而」)

【논어 3】원문 3

季路問事鬼神, 子曰, 未能事人, 焉能事鬼. 敢問死, 曰, 未知生, 焉
知死.(『論語』「先進」)

【논어 4】원문 4

子曰, 知者不惑, 仁者不憂, 勇者不懼.(『論語』「子罕」)

【논어 5】원문 5

樊遲問仁, 子曰, 愛人. 問知, 子曰 知人. 樊遲未達, 子曰, 擧直錯

諸枉, 能使枉者直.(『論語』「顏淵」)

【논어 6】원문 6

樊遲問知, 子曰, 務民之義, 敬鬼神而遠之, 可謂知矣.(『論語』「雍也」)

【논어 7】원문 7

子絶四, 毋意, 毋必, 毋固, 毋我.(『論語』「子罕」)

【논어 8】원문 8

子曰, 由誨女知之乎, 知之爲知之, 不知爲不知, 是知也.(『論語』「爲政」)

【맹자 1】원문 9

所以謂人皆有不忍人之心者, 今人乍見孺子將入於井, 皆有怵惕惻隱之心. 非所以內交於孺子之父母也, 非所以要譽於鄕黨朋友也, 非惡其聲而然也. 由是觀之, 無惻隱之心, 非人也, 無羞惡之心, 非人也, 無辭讓之心, 非人也, 無是非之心, 非人也. 惻隱之心, 仁之端也, 羞惡之心, 義之端也, 辭讓之心, 禮之端也, 是非之心, 智之端也. 人之有是四端也, 猶其有四體也. 有是四端而自謂不能者, 自賊者也, 謂其君不能者, 賊其君者也.(『孟子』「公孫丑」上)

안다는 것에 대한 동양적 성찰

【맹자 2】 원문 10

孟子曰, 人之所不學而能者, 其良能也, 所不慮而知者, 其良知也.
孩提之童, 無不知愛其親者, 及其長也, 無不知敬其兄也. 親親,
仁也, 敬長, 義也. 無他, 達之天下也.(『孟子』, 卷十三, 「盡心」上)

【맹자 3】 원문 11

孟子曰, 牛山之木嘗美矣, 以其郊於大國也, 斧斤伐之, 可以爲美
乎. 是其日夜之所息, 雨露之所潤, 非無萌蘗之生焉, 牛羊又從而
牧之, 是以若彼濯濯也. 人見其濯濯也, 以爲未嘗有材焉, 此豈山
之性也哉. 雖存乎人者, 豈無仁義之心哉. 其所以放其良心者, 亦
猶斧斤之於木也, 旦旦而伐之, 可以爲美乎. 其日夜之所息, 平旦
之氣, 其好惡與人相近也者幾希, 則其旦晝之所爲, 有梏亡之矣.
梏之反覆, 則其夜氣不足以存, 夜氣不足以存, 則其違禽獸不遠
矣. 人見其禽獸也, 而以爲未嘗有才焉者, 是豈人之情也哉.(『孟
子』, 卷十一, 「告子」上)

【맹자 4】 원문 12

孟子曰, 自暴者, 不可與有言也, 自棄者, 不可與有爲也. 言非禮
義, 謂之自暴也, 吾身不能居仁由義, 謂之自棄也.(『孟子』, 卷七,
「離婁」上)

【맹자 5】 원문 13

孟子曰, 仁, 人心也, 義, 人路也. 舍其路而弗由, 放其心而不知求,
哀哉. 人有雞犬放, 則知求之, 有放心, 而不知求. 學問之道無他,
求其放心而已矣.(『孟子』, 卷十一,「告子」上)

【맹자 6】원문 14

敢問, 夫子惡乎長. 曰, 我知言, 我善養吾浩然之氣. 敢問, 何謂浩
然之氣. 曰, 難言也. 其爲氣也, 至大至剛, 以直養而無害, 則塞于
天地之間. 其爲氣也, 配義與道, 無是, 餒也. 是集義所生者, 非義
襲而取之也. 行有不慊於心, 則餒矣. 我故曰, 告子未嘗知義, 以其
外之也.(『孟子』, 卷三,「公孫丑」上)

【맹자 7】원문 15

何謂知言. 曰, 詖辭知其所蔽, 淫辭知其所陷, 邪辭知其所離, 遁
辭知其所窮. 生於其心, 害於其政, 發於其政, 害於其事. 聖人復
起, 必從吾言矣.(『孟子』, 卷三,「公孫丑」上)

【순자 1】원문 16

凡人有所一同, 飢而欲食, 寒而欲煖, 勞而欲息, 好利而惡害, 是
人之所生而有也, 是無待而然者也, 是禹桀之所同也.(『荀子』, 第
四,「榮辱」)

【순자 2】원문 17

안다는 것에 대한 동양적 성찰

孟子曰, 人之性善. 曰, 是不然. 凡古今天下之所謂善者, 正理平治也, 所謂惡者, 偏險悖亂也. 是善惡之分也已.(『荀子』, 第二十三, 「性惡」)

【순 자 3 】원문 18

凡語治而待去欲者, 無以道欲而困於有欲者也. 凡語治而待寡欲者, 無以節欲而困於多欲者也. 有欲無欲, 異類也, 生死也, 非治亂也.(『荀子』, 第二十二, 「正名」)

【순 자 4 】원문 19

人之性惡, 其善者僞也. 今人之性, 生而有好利焉, 順是, 故爭奪生而辭讓亡焉, 生而有疾惡焉, 順是, 故殘賊生而忠信亡焉, 生而有耳目之欲, 有好聲色焉, 順是, 故淫亂生而禮義文理亡焉. 然則從人之性, 順人之情, 必出於爭奪, 合於犯分亂理而歸於暴. 故必將有師法之化禮義之道, 然後出於辭讓, 合於文理而歸於治. 用此觀之, 然則人之性惡明矣, 其善者僞也.(『荀子』, 第二十三, 「性惡」)

【순 자 5 】원문 20

凡性者, 天之就也, 不可學, 不可事. 禮義者, 聖人之所生也, 人之所學而能, 所事而成者也. 不可學, 不可事而在人者, 謂之性, 可學而能, 可事而成之在人者, 謂之僞, 是性僞之分也.(『荀子』, 第二十三, 「性惡」)

【순자 6】원문 21

散名之在人者, 生之所以然者謂之性. 性之和所生, 精合感應, 不事而自然謂之性. 性之好惡喜怒哀樂謂之情, 情然而心爲之擇謂之慮, 心慮而能爲之動謂之僞, 慮積焉能習焉而後成謂之僞. 正利而爲謂之事, 正義而爲謂之行. 所以知之在人者謂之知, 知有所合謂之智. 智所以能之在人者謂之能, 能有所合謂之能, 性傷謂之病, 節遇謂之命. 是散名之在人者也, 是後王之成名也.(『荀子』, 第二十二, 「正名」)

【순자 7】원문 22

塗之人可以爲禹, 曷謂也. 曰, 凡禹之所以爲禹者, 以其爲仁義法正也. 然則仁義法正有可知可能之理. 然而塗之人也, 皆有可以知仁義法正之質, 皆有可以能仁義法正之具, 然則其可以爲禹明矣.(『荀子』, 第二十三, 「性惡」)

【순자 8】원문 23

人何以知道. 曰, 心. 心何以知. 曰, 虛壹而靜. 心未嘗不臧也, 然而有所謂虛, 心未嘗不滿也, 然而有所謂一, 心未嘗不動也, 然而有所謂靜. 人生而有知, 知而有志, 志也者, 臧也. 然而有所謂虛, 不以所已臧害所將受謂之虛. 心生而有知, 知而有異, 異也者, 同時

兼知之, 同時兼知之, 兩也. 然而有所謂一, 不以夫一害此一謂之
壹. 心, 臥則夢, 偸則自行, 使之則謀, 故心未嘗不動也. 然而有所
謂靜, 不以夢劇亂知謂之靜. 未得道而求道者, 謂之虛壹而靜, (作
之)則將須道者之虛則入, 將事道者之壹則盡, 將思道者之靜則
察. 知道察, 知道行, 體道者也. 虛壹而靜, 謂之大淸明.(『荀子』, 第
二十一, 「解蔽」)

【 주 자 1 】 원문 24

古之欲明明德於天下者, 先治其國, 欲治其國者, 先齊其家, 欲齊
其家者, 先脩其身, 欲脩其身者, 先正其心, 欲正其心者, 先誠其
意, 欲誠其意者, 先致其知, 致知在格物.(『大學集註』, 經1章)

【 주 자 2 】 원문 25

明明德於天下者, 使天下之人皆有以明其明德也. 心者, 身之所主
也. 誠, 實也. 意者, 心之所發也. 實其心之所發, 欲其一於善而無
自欺也. 致, 推極也. 知, 猶識也. 推極吾之知識, 欲其所知無不盡
也. 格, 至也. 物, 猶事也. 窮至事物之理, 欲其極處無不到也. 此
八者, 大學之條目也.(『大學集註』, 經1章, 朱子註)

【 주 자 3 】 원문 26

物格者, 物理之極處無不到也. 知至者, 吾心之所知無不盡也. 知
旣盡, 則意可得而實矣, 意旣實, 則心可得而正矣. 脩身以上, 明明

德之事也. 齊家以下, 新民之事也. 物格知至, 則知所止矣. 意誠以下, 則皆得所止之序也.(『大學集註』, 經1章, 朱子註)

【주자 4】 원문 27

所謂致知在格物者, 言欲致吾之知, 在卽物而窮其理也. 蓋人心之靈莫不有知, 而天下之物莫不有理, 惟於理有未窮, 故其知有不盡也. 是以大學始教, 必使學者卽凡天下之物, 莫不因其已知之理而益窮之, 以求至乎其極. 至於用力之久, 而一旦豁然貫通焉, 則衆物之表裏精粗無不到, 而吾心之全體大用無不明矣. 此謂物格, 此謂知之至也.(『大學集註』, 傳5章, 朱子註)

【주자 5】 원문 28

聖人未嘗言理一, 多只言分殊, 能於分殊中事事物物頭頭項項, 理會得其當然, 方知理一貫. 不知萬殊各有一理, 而徒言理一, 不知理一何處.(『朱子語類』, 卷27, 論語九 里仁篇下)

【주자 6】 원문 29

萬理須只是一理, 學者且要去萬理中千頭萬緒都理會. 四面湊合來, 自見得是一理. 不去理會那萬理, 只管去理會那一理, 只是空想家.(『朱子語類』, 卷117, 朱子十四, 訓門人五)

【주자 7】 원문 30

안다는 것에 대한 동양적 성찰

知與行, 工夫須著並到. 知之愈明, 則行之愈篤, 行之愈篤, 則知之益明. 二者皆不可偏廢, 如人兩足相先後行, 便會漸漸行得到. 若一邊軟了, 便一步也進不得. 然又須先知得, 方行得. 所以大學先說致知, 中庸說知先於仁·勇, 而孔子先說知及之. 然學問·慎思·明辨·力行, 皆不可闕一.(『朱子語類』, 卷14, 大學一, 經上)

【 주자 8 】 원문 31

明德, 如八窗玲瓏, 致知格物, 各從其所明處去. 今人不曾做得小學工夫, 一旦學大學, 是以無下手處. 今且當自持敬始, 使端慤純一靜專, 然後能致知格物.(『朱子語類』, 卷14, 大學一, 綱領)

【 양명 1 】 원문 32

物者, 事也. 凡意之所發, 必有其事, 意所在之事, 謂之物. 格者, 正也. 正其不正以歸於正之謂也. 正其不正者, 去惡之謂也. 歸於正者, 為善之謂也, 夫是之謂格.(『王陽明全集』, 卷三, 悟真錄七, 「大學問」)

【 양명 2 】 원문 33

但指其充塞處言之謂之身, 指其主宰處言之謂之心, 指心之發動處謂之意, 指意之靈明處謂之知, 指意之涉著處謂之物, 只是一件. 意未有懸空的, 必著事物, 故欲誠意則隨意所在某事而格之, 去其人欲而歸於天理, 則良知之在此事者無蔽而得致矣. 此便是

誠意的工夫.(『王陽明全集』, 卷一, 知行錄三, 傳習錄下)

【 양명 3 】 원문 34

侃去花間草, 因曰, 天地間何善難培惡難去. 先生曰, 未培未去耳.
少間曰, 此等看善惡, 皆從軀殼起念, 便會錯. 侃未達. 曰, 天地生
意, 花草一般, 何曾有善惡之分. 子欲觀花, 則以花爲善, 以草爲
惡. 如欲用草時, 復以草爲善矣. 此等善惡, 皆由汝心好惡所生,
故知是錯. 曰, 然則無善無惡乎. 曰, 無善無惡者理之靜, 有善有
惡者氣之動. 不動於氣, 卽無善無惡, 是謂至善. 曰, 佛氏亦無善
無惡, 何以異. 曰, 佛氏著在無善無惡上, 便一切都不管, 不可以
治天下. 聖人無善無惡, 只是無有作好, 無有作惡, 不動於氣. 然
遵王之道, 會其有極, 便自一循天理, 便有個裁成輔相.(『王陽明全
集』, 卷一, 知行錄一, 傳習錄上)

【 양명 4 】 원문 35

晦菴謂人之所以爲學者, 心與理而已, 心雖主乎一身, 而實管乎天
下之理, 理雖散在萬事, 而實不外乎一人之心, 是其一分一合之
間, 而未免已啓學者心理爲二之弊. 此後世所以有專求本心遂遺
物理之患, 正由不知心卽理耳. 夫外心以求物理, 是以有闇而不
達之處. 此告子義外之說, 孟子所以謂之不知義也. 心一而已, 以
其全體惻怛而言, 謂之仁, 以其得宜而言, 謂之義, 以其條理而言,
謂之理. 不可外心以求仁, 不可外心以求義, 獨可外心以求理乎.

안다는 것에 대한 동양적 성찰

外心以求理, 此知行之所以二也. 求理於吾心, 此聖門知行合一之
教, 吾子又何疑乎.(『王陽明全集』, 卷一, 知行錄二, 傳習錄中)

【양명 5】 원문 36

如新本, 先去窮格事物之理, 卽茫茫蕩蕩, 都無著落處. 須用添箇
敬字, 方才牽扯得向身心上來, 然終是沒根原. 若須用添箇敬字,
緣何孔門倒將一箇最緊要的字落了,直待千餘年後要人來補出.
正謂以誠意爲主, 卽不須添敬字. 所以擧出箇誠意來說, 正是學
問的大頭腦處.(『王陽明全集』, 卷一, 知行錄一, 傳習錄上)

【양명 6】 원문 37

若鄙人所謂致知格物者, 致吾心之良知於事事物物也. 吾心之良
知, 卽所謂天理也. 致吾心良知之天理於事事物物, 則事事物物
皆得其理矣. 致吾心之良知者, 致知也, 事事物物皆得其理者, 格
物也.(『王陽明全集』, 卷一, 知行錄二, 傳習錄中)

【양명 7】 원문 38

先生曰, 此已被私慾隔斷, 不是知行的本體了. 未有知而不行者,
知而不行, 只是未知. 聖賢敎人知行, 正是安復那本體, 不是著你
只恁的便罷. 故大學指個真知行與人看, 說如好好色如惡惡臭.
見好色屬知, 好好色屬行, 只見那好色時已自好了, 不是見了後又
立個心去好. 聞惡臭屬知, 惡惡臭屬行, 只聞那惡臭時已自惡了,

不是聞了後別立個心去惡.(『王陽明全集』, 卷一, 知行錄一, 傳習錄上)

【 퇴 계 1 】 원문 39

格物.[物乙格乎麻是] 註. 欲其極處[厓], 無不到也. 物格.[物厓格爲隱] 註. 物理之極處[厓是] 無不到也. 格字, 有窮而至之義. 格物, 重在窮字, 故云物[乙]格[乎麻是]. 物格, 重在至字, 故云物[厓]格[爲隱]. 一說, 物理之極處[是], 亦通.(『退溪集』, 卷二十六, 書, 「格物物格俗說辯疑, 答鄭子中」)

【 퇴 계 2 】 원문 40

然愚嘗歷考先儒諸說矣. 程子曰, 格, 至也, 窮之而至其極. 朱子曰, 理之在物者, 旣有以詣其極而無餘. 又曰, 須窮極事物之理到盡處. 延平曰, 凡遇一事, 且當就此事, 反覆推尋, 以究其理. 西山曰, 於天下事物之理, 窮究到極處. 此皆謂理在事物, 故就事物而窮究其理, 到極處也. 何者. 以理言之, 固無物我之間, 內外精粗之分. 若以事物言之, 凡天下事物, 實皆在吾之外, 何可以理一之故, 遂謂天下事物皆吾之內耶.(『退溪集』, 卷二十六, 書, 「格物物格俗說辯疑, 答鄭子中」)

【 퇴 계 3 】 원문 41

致巧在雕物, 物雕巧乃宣, 物之雕詣極, 我巧亦隨全.(『高峯續集』,

안다는 것에 대한 동양적 성찰

第1卷, 存齋謾錄, 「釋物格」)

【퇴계 4】원문 42

人巧能雕物, 雕寧巧得人, 謂知能格物, 取譬恐非倫. 雕而能詣極,
詣者豈非人, 謂物雕能詣, 言何太不倫.(『退溪集』, 第5卷, 詩, 「辨存
齋辨物理之極處無不到詩」)

【퇴계 5】원문 43

物格, 戊申封事, 理到之言, 發微不可見條下, 通書註, 隨其所寓,
而理無不到, 大學或問註, 無一毫不到處. 以此等言句, 反覆永之,
則理詣其極及極處無不到者如鄙意釋之, 固無不可也.(『高峯集』,
第3卷, 書, 「答退溪先生問目」)

【퇴계 6】원문 44

曰, 物格而后知至, 知至而后意誠, 意誠而后心正, 心正而后身脩,
身脩而后家齊, 家齊而后國治, 國治而后天下平, 何也. 曰, 此覆
說上文之意也. 物格者, 事物之理各有以詣其極而無餘之謂也.
理之在物者旣詣其極而無餘, 則知之在我者亦隨所詣而無不盡
矣.(『大學或問』)

【퇴계 7】원문 45

物格與物理之極處無不到之說, 謹聞命矣. 前此滉所以堅執誤

說者, 只知守朱子理無情意·無計度·無造作之說, 以爲我可以窮
到物理之極處, 理豈能自至於極處. 故硬把物格之格, 無不到之
到, 皆作己格己到看. 往在都中, 雖蒙提諭理到之說, 亦嘗反復紬
思, 猶未解惑. 近金而精傳示左右所考出朱先生語及理到處三四
條, 然後乃始恐怕己見之差誤. 於是, 盡底裏濯去舊見, 虛心細意,
先尋箇理所以能自者如何. 蓋先生說見於補亡章或問中者, 闡
發此義, 如日星之明, 顧滉雖常有味其言, 而不能會通於此耳. 其
說曰, 人之所以爲學, 心與理而已. 心雖主乎一身, 而其體之虛靈,
足以管乎天下之理, 理雖散在萬物, 而其用之微妙, 實不外一人之
心, 初不可以內外精粗而論也. 其小註, 或問用之微妙, 是心之用
否. 朱子曰, 理必有用, 何必又說是心之用乎. 心之體, 具乎是理,
理則無所不該, 而無一物之不在, 然其用實不外乎人心. 蓋理雖在
物, 而用實在心也. 其曰, 理在萬物, 而其用實不外一人之心, 則疑
若理不能自用, 必有待於人心, 似不可以自到爲言. 然而又曰, 理
必有用, 何必又說是心之用乎, 則其用雖不外乎人心, 而其所以爲
用之妙, 實是理之發見者, 隨人心所至, 而無所不到, 無所不盡. 但
恐吾之格物有未至, 不患理不能自到也. 然則方其言格物也, 則
固是言我窮至物理之極處, 及其言物格也, 則豈不可謂物理之極
處, 隨吾所窮而無不到乎. 是知無情意造作者, 此理本然之體也,
其隨寓發見而無不到者, 此理至神之用也. 向也但有見於本體之
無爲, 而不知妙用之能顯行, 殆若認理爲死物, 其去道不亦遠甚
矣乎. 今賴高明提諭之勤, 得去妄見, 而得新意長新格, 深以爲幸.

안다는 것에 대한 동양적 성찰

(『退溪集』, 卷十八, 書, 「答奇明彦」)

【 퇴계 8 】 원문 46

理氣合而爲心, 自然有虛靈知覺之妙. 靜而具衆理, 性也, 而盛貯該載此性者, 心也. 動而應萬事, 情也, 而敷施發用此情者, 亦心也. 故曰心統性情.(『退溪集』, 卷十八, 書, 「答奇明彦(別紙)」)

【 퇴계 9 】 원문 47

蓋人之心發於形氣者, 則不學而自知, 不勉而自能, 好惡所在, 表裏如一. 故才見好色, 卽知其好而心誠好之, 才聞惡臭, 卽知其惡而心實惡之, 雖曰行寓於知, 猶之可也. 至於義理則不然也, 不學則不知, 不勉則不能. 其行於外者, 未必誠於內, 故見善而不知善者有之, 知善而心不好者有之, 謂之見善時已自好, 可乎. 見不善而不知惡者有之, 知惡而心不惡者有之, 謂之知惡時已自惡, 可乎. 故大學, 借彼表裏如一之好惡, 以勸學者之毋自欺則可, 陽明乃欲引彼形氣之所爲, 以明此義理知行之說則大不可. 故義理之知行, 合而言之, 固相須竝行而不可缺一, 分而言之, 知不可謂之行, 猶行不可謂之知也, 豈可合而爲一乎.(『退溪集』, 卷四十一, 雜著, 「傳習錄論辯」)

【 율곡 1 】 원문 48

人之所見有三層 (…) 譬如有一高山於此, 山頂之景勝, 妙不可言.

一人則未嘗識其山之所在, 徒聞人言而信之, 故人言山頂有水, 則亦以爲有水, 人言山頂有石, 則亦以爲有石. 旣不能自見, 而惟人言是從, 則他人或以爲無水無石, 亦不能識其虛實也. 人言不一, 而我見無定, 則不可不擇其人而從其言也. 人若可信者, 則其言亦可信也, 聖賢之言, 必可信, 故依之而不違也. 但旣從其言, 而不能知其意之所在, 故有人或誤傳可信者之言, 亦不得不從也. 今之學者於道, 所見亦如此, 徒逐聖賢之言, 而不知其意, 故或有失其本旨者, 或有見其記錄之誤, 而猶牽合從之者, 旣不能自見, 則其勢不得不然也. 一人則因他人之指導, 識其山之所在, 擧頭望見, 則山上勝妙之景, 渙然滿眼, 旣自望見矣, 他人之誤傳者, 豈足以動之哉. 於是有樂其勝妙之景, 必欲親履其境而求上山頂者. 又有旣見其景, 自以爲樂, 俯視他人逐逐於言語, 不覺撫掌大笑, 以是爲足而不求上山者. 於望見之中, 亦有異焉, 有自東而見其東面者, 有自西而見其西面者, 有不拘於東西而見其全體者, 雖有偏全之異, 而皆是自見也. 彼不能自見而從人言者, 雖能說出全體, 非其自言也. 如鸚鵡之傳人言也, 則安足以折服望見一面者之心哉. 又有一人, 則旣望見勝妙之景, 樂之不已, 褰衣闊步, 勉勉上山, 而任重道遠, 力量有限, 鮮有窮其山頂者矣. 旣窮其山頂, 則勝妙之景, 皆爲我物, 又非望見之比矣. 然而到山頂之中, 亦有異焉, 有望見其東面而上于東面者, 亦有望其西面而上于西面者, 有望其全體而無所不到者. 上于一面者, 雖極其至, 而不得爲上山之極功也. 大槪有是三層, 而其中曲折, 不可枚數. 有先識其山之所在,雖不能望見, 而上山不已, 一朝到于山頂, 則足目俱到, 便爲己物者.(曾子之類) 又有不識其山之所在, 而偶行山路, 雖得上山, 而元不識山, 又不望見山頂, 故終不能到山頂者.(司馬溫公之類) 如是之類, 何可悉擧乎. 以此取喩, 則今之學者, 大槪從人言者也, 縱能說出無病, 不過依樣摸畫耳. 依樣摸畫之中, 說出無病者, 亦不可多見, 尤可嘆也.(『栗谷全書』, 卷十, 書二,「答成浩原」)

【율곡 2】원문 49

格字, 有窮至兩意, 格物之格, 窮字意多, 物格之格, 只是至字之意.(『栗谷全書』, 卷十九, 聖學輯要一, 統說第一)

【율곡 3】원문 50

栗谷先生嘗論格致之義曰, 程朱皆說格至也. 據此論之, 格物云者, 人窮物之理, 而使之至於盡處也, 物格云者, 物之理已至於盡處, 更無可窮之餘地也. 此說通透灑落, 十分明白, 而後之紛紛之說甚多, 至有物理來至吾心之說, 殊不可曉.(『栗谷全書』, 卷三十二, 語錄下)

【율곡 4】원문 51

嘗問于栗谷先生曰, 物格云者, 是物理到極處耶, 吾之知到極處耶. 答曰, 物理到極處也. 若吾之知到極處, 則是知至, 非物格也. 物格知至, 只是一事, 以物理言之, 謂之物格, 以吾心言之, 謂之知

至, 非二事也.(『栗谷全書』, 卷三十二, 語錄下)

【 율곡 5 】 원문 52

蓋曰, 物格者, 物理盡明而無有餘蘊, 是物理至於極處也, 是主物
而言也. 知至者, 物之理盡明而無餘, 然後吾之知, 亦隨而至於極
處也, 是主知而言也.(『栗谷全書』, 卷三十二, 語錄下)

【 율곡 6 】 원문 53

夫人也, 稟天地之帥以爲性, 分天地之塞以爲形. 故吾心之用, 卽
天地之化也. 天地之化無二本, 故吾心之發無二原矣.(『栗谷全書』,
卷十, 書二,「答成浩原(壬申)」)

【 율곡 7 】 원문 54

且朱子曰, 心之虛靈知覺, 一而已矣, 或原於性命之正, 或生於形
氣之私. 先下一心字在前, 則心是氣也, 或原或生而無非心之發,
則豈非氣發耶. 心中所有之理, 乃性也, 未有心發而性不發之理,
則豈非理乘乎. 或原者, 以其理之所重而言也, 或生者, 以其氣之
所重而言也, 非當初有理氣二苗脈也. 立言曉人, 不得已如此, 而
學者之誤見與否, 亦非朱子所預料也. 如是觀之, 則氣發理乘與
或原或生之說, 果相違忤乎. 如是辨說而猶不合, 則恐其終不能
相合也. 若退溪互發二字, 則似非下語之失, 恐不能深見理氣不相
離之妙也.(『栗谷全書』, 卷十, 書二, 答成浩原)

안다는 것에 대한 동양적 성찰

【율곡 8】원문 55

心之知覺, 氣耶理耶. 曰, 能知能覺者, 氣也, 所以知所以覺者, 理
也. 曰, 知覺屬於智之間架耶. 曰, 知覺卽心也該載仁義禮智之性,
故四端之情, 隨所寓而發見, 此其心之知覺也. 若以知覺只屬於
智之間架, 則仁義無所用矣.(『栗谷全書』, 卷三十一, 語錄上, 金振綱
所錄)

【율곡 9】원문 56

蓋人之知覺, 出於精氣焉. 耳目之聰明者, 魄之靈也, 心官之思慮
者, 魂之靈也. 其聰明思慮者, 氣也, 其所以聰明思慮者, 理也. 理
無知, 而氣有知, 故有耳, 然後可以聞聲, 有目, 然後可以見色, 有
心, 然後可以思慮矣. 精氣一散, 而耳無聞, 目無見, 心無思慮, 則
不知何物有何知覺耶.(『栗谷全書』, 拾遺, 卷四, 雜著一, 「死生鬼神
策」)

【율곡 10】원문 57

臣又按, 誠意爲修己治人之根本. 今雖別爲一章, 陳其大槪, 而誠
之之意, 實貫上下諸章. 如志無誠則不立, 理無誠則不格, 氣質無
誠則不能變化, 他可推見也.(『栗谷全書』, 卷二十一, 聖學輯要三, 修
己第二中, 誠實章第五)

【 함께 읽으면 좋은 책 】

1. 공자
김경식, 『논어에서 본 공자의 교육이야기』, 한국학술정보, 2013
김학주, 『공자의 생애와 사상』, 명문당, 2003
김현식, 『공자와 제자들의 유쾌한 교실』, 교보문고, 2012
모로하시 데쓰지, 『공자, 노자, 석가』, 심우성 옮김, 동아시아, 2008
배병삼, 『논어, 사람의 길을 열다』, 사계절, 2014
손기원, 『공자처럼 학습하라』, 새로운제안, 2012
안핑 친, 『공자평전』, 김기협 옮김, 돌베개, 2010
양자오, 『논어를 읽다』, 김택규 옮김, 유유, 2015
윤재근, 『논어, 그대는 사람의 길을 걷고 있는가』, 나들목, 2003
이인호, 『논어, 사람의 길』, 천지인, 2009
황태연, 『공자와 세계』, 청계, 2011

2. 맹자
김승혜, 『유교의 뿌리를 찾아서』, 지식의 풍경, 2001
맹자, 『맹자, 선한 본성을 향한 특별한 열정』, 김선희 역주, 풀빛, 2006
맹자, 『젊은 지성을 위한 맹자』, 황광욱 역저, 두리미디어, 2012

백민정,『맹자, 유학을 위한 철학적 변론』, 태학사, 2005

윤재근 편저,『희망과 소통의 경전, 맹자 1·2』, 동학사, 2009

이우재 역주,『이우재의 맹자 읽기』, 21세기북스, 2012

이혜경,『맹자, 진정한 보수주의자의 길』, 그린비, 2008

장현근,『맹자, 이익에 반대한 경세가』, 살림, 2013

조긍호,『유학심리학: 맹자·순자편』, 나남, 1998

푸페이룽,『교양 맹자강의』, 정광훈 옮김, 돌베개, 2010

황광욱,『젊은 지성을 위한 맹자』, 두리미디어, 2012

3. 순자

김철운,『순자와 인문세계』, 서광사, 2003

김형효,『맹자와 순자의 철학사상』, 삼지원, 1990

순자,『순자』, 김학주 옮김, 을유문화사, 2008

순자,『순자·한비자』, 안외순 역해, 타임기획, 2005

우치야마 도시히코,『교양 순자강의』, 석하고전연구회 옮김, 돌베개, 2013

윤무학,『순자, 통일제국을 위한 비판철학자』, 성균관대학교출판부, 2004

장현근,『순자, 예의로 세상을 바로잡는다』, 한길사, 2015

조원일,『순자의 철학사상』, 전남대학교출판부, 2014

채인후,『순자의 철학』, 천병돈 옮김, 예문서원, 2000

최영갑 역주,『순자, 인간의 악한 본성과 그 해결의 길』, 풀빛, 2011

4. 주자

김영식,『주희의 자연철학』, 예문서원, 2005

김우형,『주희철학의 인식론』, 심산, 2005

미우라 구니오,『주자어류선집』, 이승연 옮김, 예문서원, 2012

송봉구,『주자의 공부방법론 연구』, 한국학술정보, 2007

수징난,『주자평전 상·하』, 김태완 옮김, 역사비평사, 2015

야마다 케이지,『주자의 자연학』, 김석근 옮김, 통나무, 1991

위잉스, 『주희의 역사세계 상·하』, 이원석 옮김, 글항아리, 2015

이재준, 『우리는 왜 주희인가』, 한국학술정보, 2007

진래, 『주희의 철학』, 이종란 외 옮김, 예문서원, 2002

진영첩, 『진영첩의 주자강의』, 표정훈 옮김, 푸른역사, 2001

최진덕, 『주자를 위한 변명』, 청계, 2000

5. 양명

김세정, 『왕양명의 전습록 읽기』, 세창미디어, 2014

마노 센류, 『주자와 왕양명』, 이석주 옮김, 학고방, 2010

박은식, 『왕양명실기』, 이종란 옮김, 한길사, 2010

시마다 겐지, 『주자학과 양명학』, 김석근 옮김, 도서출판 까치, 1992

왕수인, 『전습록 1·2』, 정인재 외 옮김, 청계, 2007

장성모, 『주자와 왕양명의 교육이론』, 교육과학사, 2004

정인보, 『양명학연론』, 계명대학교출판부, 2004

정인재, 『양명학의 정신』, 세창출판사, 2014

쥴리아 칭, 『지혜를 찾아서』, 이은선 옮김, 분도출판사, 1999

황갑연, 『리학 심학 논쟁, 연원과 전개 그리고 득실을 논하다』, 예문서원, 2014

6. 퇴계

강희복, 『퇴계의 마음과 이치에 대한 이해』, 경인문화사, 2014

금장태, 『성학십도와 퇴계철학의 구조』, 서울대학교출판부, 2001

김성일, 『퇴계, 인간의 도리를 말하다』, 김영두 옮김, 푸르메, 2011

김종석, 『퇴계학의 이해』, 일송미디어, 2001

다카하시 스스무, 『이퇴계와 경의 철학』, 안병주 옮김, 신구문화사, 1986

설흔, 『퇴계에게 공부법을 배우다』, 예담, 2009

신창호, 『함양과 체찰, 조선의 지성 퇴계 이황의 마음공부법』, 미다스북스, 2010

안다는 것에 대한 동양적 성찰

윤사순, 『퇴계 이황의 철학』, 예문서원, 2013

이광호, 『퇴계와 율곡, 생각을 다투다』, 홍익출판사, 2013

이황·기대승, 『퇴계와 고봉, 편지를 쓰다』, 김영두 옮김, 소나무, 2003

7. 율곡

김영두, 『퇴계 vs 율곡 누가 진정한 정치가인가』, 역사의 아침, 2011

신창호, 『율곡 이이의 교육론』, 경인문화사, 2015

이동인, 『율곡의 사회개혁사상』, 백산서당, 2002

이이, 『성학집요』, 김태완 옮김, 청어람미디어, 2007

이이, 『율곡선생 글모음』, 임동석 옮김, 을유문화사, 2000

장숙필, 『율곡 이이의 성학연구』, 고려대학교출판부, 1992

전세영, 『율곡의 군주론』, 집문당, 2005

채무송, 『퇴계 율곡 철학의 비교연구』, 성균관대학교출판부, 2002

한영우, 『율곡 이이 평전』, 민음사, 2013

황준연, 『율곡 철학의 이해』, 서광사, 1995

안다는 것에 대한 동양적 성찰

ⓒ 김종석

초판 인쇄	2015년 12월 21일
초판 발행	2015년 12월 29일

지은이	김종석
기획	한국국학진흥원
펴낸이	강성민
편집	이은혜 박세중 이두루 곽우정
편집보조	차소영 백설희
마케팅	정민호 이연실 정현민 양서연 지문희
홍보	김희숙 김상만 한수진 이천희

펴낸곳	(주)글항아리	출판등록 2009년 1월 19일 제406-2009-000002호
주소	10881 경기도 파주시 회동길 210
전자우편	bookpot@hanmail.net
전화번호	031-955-8891(마케팅) 031-955-1936(편집부)
팩스	031-955-2557

ISBN	978-89-6735-289-9 03100

글항아리는 (주)문학동네의 계열사입니다.

이 도서의 국립중앙도서관 출판시도서목록(CIP)은 서지정보유통지원시스템 홈페이지
(http://seoji.nl.go.kr)와 국가자료공동목록시스템(http://www.nl.go.kr/kolisnet)에
서 이용하실 수 있습니다. (CIP제어번호 : CIP2015034959)